KB156283

교사로 사는 한 남자 이야기

나는 오늘도 선생이다

이경수 지음

나는 오늘도 선생이다

교사로 사는 한 남자 이야기

포이즌

인연에 감사하며

제가 교사살이 하는 여기는 경기도 김포에 있는 양곡고등학교입니다. 흙냄새, 나무 냄새, 사람 냄새 물씬 나는 시골학교입니다. 여전히 순박한 아이들과 따스한 선생님들이 한울타리 안에서 사랑을 키워 가는 마당 넓은 집입니다. 오늘도 저는 이곳에서 공부하고 가르치고 배우며 글을 씁니다.

이 책에, 교사로 살아가는 오십 넘은 사내의, 특별할 것도 없는 소소한 일상을 담았습니다. 부모님 모시고 두 아이 키우며 쌓인 소회, 평소 학부모님들께 하고 싶었던 이야기, 학생들과 함께 생활하며 겪었던 일, 교사의 눈으로 보고 들은 선생님들의 모습을 벌거벗은 심정으로 썼습니다. 오래도록 모아왔던 일기, 메모, 아이들의 편지가 소중한 글감이 되었습니다.

이 책이 학부모님께 아이와 교사 그리고 학교를 더 이해하고 신뢰하는 계기가 되었으면 합니다. 무엇보다 자녀교육에 조금이라도 보탬이 되었으면 좋겠습니다. 초임 선생님께 바람직한 교직 생활을 위한 작은 안내서가 되었으면, 교단에 선 지 여러 해 된 선생님께 지난날을 되돌아보는 거울이 되었으면, 하는 바람을 품어봅니다.

독자 여러분이 이 책 어디에선가 '그래 맞아, 그렇지.' 공감하며 마음에 담아둘 내용을 만나게 된다면, 그래서 의미 있는 변화의 한 걸음을 내딛게 된다면 글쓴이는 더없이 행복할 것입니다. 저는 이 책이 독자의 가슴을 적시는 작은 이슬방울이었으면 합니다. 비록 해 뜨면 사라질지라도….

오래전에 도서출판 푸르메에서 교육에세이 『가슴으로 크는 아이들』을 냈습니다. 이 책은 『가슴으로 크는 아이들』의 개정증보판이라고 할 수 있습니다. 시의성이 떨어지는 글을 덜어내고 이후에 각종 지면에 소개됐던 글을 모아 다듬었습니다. 책을 준비하면서 새롭게 쓴 글도 함께 담았습니다.

책이 나오니 고마운 사람들이 떠오릅니다. 첫 학교인 마산중앙고 선생님과 아이들, 제가 20년 넘게 살고 있는 양곡고등학교 선생님과 아이들, 나를 있게 하는 소중한 존재입니다. 덕분에 지금 이 책을 집필할 수 있었습니다. 팔순 노모의 식지 않는 자식 걱정, 건강하게 커 준 두 아들 승재와 승철이의 성원은 늘 힘이 됩니다. '누나이자 친구이자 동생'이기도 한 아내 안수자는 이 원고의 깐깐한 교정자가 되어 주었습니다.

출판사 포이즌 식구들, 고맙습니다. 제 글이 책이 되어 세상에 나올 수 있게 해 주셔서, 그 기쁨을 주셔서 감사합니다. 출판사의 조건 없는 믿음에 보답할 수 있기를 간절한 마음으로 기도합니다.

그리고 인연 맺어주신 독자 여러분, 고맙습니다.

2015년 5월 이경수

추천사

책을 읽다보면 책갈피에서 글쓴이의 향기가 솔솔 배어나오는 것을 느낄 때가 있다. 그 향기가 너무 좋아 그 책에다 그대로 한참 동안 얼굴을 파묻고 싶을 때가 있다. 이 책이 바로 그러한 책이다.

이 책에서는 한 고등학교 교사로서의 진실의 향기가 배어나오고, 학부모이자 한 아버지로서의 사랑의 향기가 진하게 배어나온다.

한마디로 이 책은 우리나라 교육현장에 대한 가장 솔직하고 진실한 체험적 고백록이다. 체험의 구체에서 우러나온 섬세하고 적나라한 기록은 물질만능에 속도지향적인 오늘의 우리를 반성하고 성찰하게 한다.

이 책은 학생과 교사, 학부모가 함께 읽기에 좋고 현장을 떠나 있는 교육정책 당국자라면 반드시 읽어야 할 필독서다.

정호승(시인)

첫 번째 이야기

교사가 교사에게

두 번째 이야기

학부모님께 드리는 편지

◇◇◇

세 번째 이야기

사랑하는 나의 가족

첫 번째 이야기

교사가 교사에게

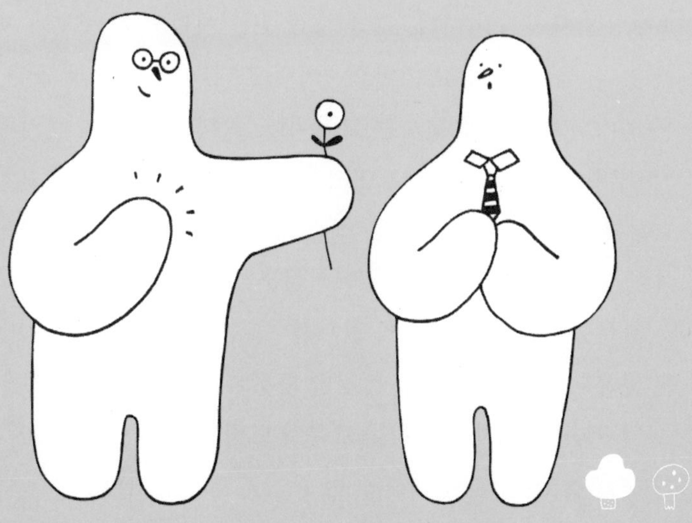

선생님이 타고 있어요

'답답하시죠? 저는 환장합니다.'

운전 중에 앞차 뒷유리에 붙은 스티커를 보고 웃음이 났다. 초보운전자인 모양이다. 그냥 '초보운전'이라고 쓴 것보다 재치가 있다. '아이가 타고 있어요.' 이런 스티커도 꽤 보게 된다. 젊은 엄마나 아빠가 운전하는 모양이다. 막히는 길 위에서 앞차의 '아이가 타고 있어요.'를 보면서 '아이가 몰고 있어요.'로 고치면 효과가 확실할 텐데, 실없는 생각을 해본다. 저건 뭐지? 까칠한 아이가 타고 있다고? 그래서 어쩌라구? 나도 까칠해진다.

1분이 아까운 출근길에 일차선으로 시속 60km 고수하며 가는 군용트럭을 종종 만난다. 정말 환장한다. 어느 날 군용트럭을 또 만났다. 차선 바꿀 눈치를 보다가 트럭 뒤에 매달린 팻말 글씨가 눈에 들었다. '당신의 아들이 운전하고 있습니다.' 순간 나는 무장해제! 군용트럭 운전자에 대한 화가 모두 사라졌다. 내 아들도 군대에 있다.

어느 해였던가? 5월 15일 퇴근길 강화대교를 건너는데 승용차 한 대가 추월해 간다. 그 차 뒷유리에 커다란 포스터 크기의 종이가 붙어 있다. 선거철도 아닌데 뭐지? 쓸데없는 호기심이 발동해서 따라가 봤다. 빨강 신호등이 그 차를 잡아놓고 있었다. 차를 바짝 대고 읽어봤다. 웬 남자가 환하게 웃는 얼굴이 그려져 있고 그 밑에 이렇게 쓰여 있었다.

'선생님이 타고 있어요.'

차 안에서 혼자 낄낄거렸다. 아이들의 선생님 사랑이 그대로 담긴, 빛나는 재치를 만났다. 내가 축하받은 듯 기분이 좋아졌다. 평소 같다면, 그 선생님은 교문을 나서자마자 '선생님이 타고 있어요.'를 떼고 운전했을 것이다. 쑥스러우니까. 그러나 그 날은 스승의 날, 하루만이라도 "나는 교사다." 외치고 싶었을지 모른다.

그래 그날도 스승의 날이었지.

첫 근무지인 경남 마산에 살 때다. 학교는 무학산 중턱, 하숙집은 학교 근처였다. 학교에서나 집에서나 바다가 훤히 보여서 좋았다. 출근 준비를 하는데, 누군가 방문을 톡톡 치는 소리가 들렸다. '아침부터 누구지?' 하면서 문을 열었다. 세상에! 하숙집 마당에 아이들이 가득했다. 우리 반 아이들이 모두 다 온 거다.

그 녀석들에 이끌려 무동을 타고 학교로 달렸다. 가파른 언덕길을 달리면서도 녀석들은 지치지 않았다. 나를 둘러싼 수십 명 아이의 함성에 놀란 행인들이 가던 길을 멈추고 바라봤다. 그렇게 교무실에 들어섰는데 앞이 희미했다. 또렷하게 보이지가 않았다. 안경이 사라진 것이다. 아이들 어깨 위에 걸터앉아 달릴 때, 떨어진 모양이다. 혹시나 싶어서 밖으로 나갔다. 교문 근처에서 땅바닥에 떨어져 있는 안경을 찾았다. 안경알 하나가 깨지고 안경테도 한쪽이 부러져 있었다. 그래도 웃을 수 있었다.

'스승의 날이라는데, 수업 안 하면 안 되나.' 하는 생각을 하며 1교시 수업을 들어갔다. 교실 문 여는 순간 뭔가가 머리 위로 쏟아져 내렸다. 깜짝 놀랐다. 밀가루? 칠판지우개? 색종이 조각? 다 아니었다. 양동이에 가득 담긴 아카시아꽃이었다. 애들이 어떻게 머리를 썼는지, 문이 열리면 자동으로 꽃이 쏟아지게끔 장치했던 것이다. 한바탕 소동 후, 애들은 다시 꽃을 모아 담는다. 다음 시간에 다시 써야 한다면서. 아쉬움이 남길래, "한 번만 다시 뿌려주라." 부탁했더니 야속한 놈들, 안 된단다. "치사하다 치사해." 삐진 척했었다. 지금도 머리 위로 쏟아져 내리던 하얀 꽃송이, 아카시아 향기가 새롭다.

스승의 날. 스승이 없다는 세상에 존재하는 스승의 날은 우리 교사들에게 어떤 의미로 다가올까요? 아이들의 축하를 받고 기뻐하는 날만은 아니지요. 어딘지 어색하고 겸연쩍기도 하고 말이죠. 이날은 나 스스로 바른 교사의 길을 걸어오고 있는지 되돌아보고 반성하는 날이 아닌가 싶습니다. 진정한 '스승'이 되고자 새로운 각오를 다지는 바로 그런 날.

하나!

수업할 때 나의 말 속도는 어떨까? 초임교사가 아니더라도 생각해봐야 할 문제입니다. 감동적인 수업을 하지는 못할지라도, 아이들이 알아들을 수는 있어야 하기 때문입니다. 너무 느린 말투도 곤란하지만, 너무 빠른 것은 더 나쁩니다. 능력 있는 교사는 스스로 말의 높낮이와 완급을 조절합니다. 빠르게, 느리게, 낮게, 높게 말이 조절될 때 아이들은 흥미롭게 수업을 듣게 됩니다.

전 원래 말이 심하게 빨랐습니다. 뭐가 그리 급한지 한마디 할 때 두세 마디가 한꺼번에 튀어나와 서로 엉켜서 더듬기도 했습니다. 제가 말 속도를 늦추기로 작정하고 노력하기 시작한 건 대학생 때입니다. 교사의 길을 가기 위해 사범대학에 진학했으니 우선 언어습관부터 고쳐보자는 생각이었죠. 의도적으로 말을 천천히, 아주 천천히 하려고 애썼습니다.

여러 사람 앞에 서서 이야기하게 될 경우에는 더 신경을 썼습니다. 그렇게 한 1년 정도 노력하니까 어느 정도 고칠 수 있게 되었습니다. '노인네' 소리를 들을 만큼 너무 늘어지기도 했습니다. 요즘은 내 말 속도가 너무 느린 것이 아닌가 걱정하고 있습니다. 공부를 잘하는 녀석 하나가 국사 시간만 되면 10분도 못 견디고 졸기 시작합니다. 그래서 어느 날, 그 애에게 물었죠.

"너 정말 심하다. 왜 그렇게 자냐?"

"선생님 말이 너무 느려요."

저는 아직도 조절이 안 되고 있는 겁니다. 수업 끝날 시간이 얼마 남지 않았는데 할 말이 많이 남았다면 속사포처럼 빠르게 뱉어내게 됩니다. 또 화가 몹시 났을 때도 따다다다다, 대책 없이 빨라집니다. 저 자신도 무슨 말인지 모르는데 아이들이 알아들을 리 없겠죠. 거참, '말하기' 정말 힘들어요. ㅠㅠ

둘!

가을날, 아들놈 손잡고 마리산에 갔습니다. 낙엽 날리는 오솔길을 걷고 있을 때입니다. 우리를 조금 앞서서 걷고 있는 등산객 서너 명의 대화를 듣게 되었습니다. 워낙 거리가 가깝다 보니 듣고 싶지 않아도 들을 수밖에 없었습니다.

학교 얘기, 학생 얘기를 하는 것 같았습니다. '아! 저이들도 교사구나.' 반가움이 일었습니다. 어디서든 같은 직업 가진 사람을 보면 친밀감이 생깁니다. 아니! 그런데 어느 분이 이렇게 말하는 겁니다.

"그 새끼는 싸가지가 없어."

그러자 다른 선생님이 "그래, 그 새끼 정말 싸가지 없어." 어느 학생인가를 욕하고 있는 겁니다. 나와는 관계없는 일이지만,

공연히 민망했습니다. 누가 또 들은 사람 없나 주위를 돌아봐야 했습니다. 안보는 데서야 나라님도 욕하는 법이라고 하지만, 그래도 교사는 어디서나 교사입니다.

그 학생은 정말 '싸가지'가 없는, 못돼 먹은 아이일 확률이 높습니다. 또 '그 새끼'나 '그 새끼'의 부모가 선생님들의 대화를 들을 리도 없습니다. 하지만 탁 트인 공간에서 누군가는 듣게 마련입니다. 제가 아닌 다른 사람들이 그 교사들의 대화를 들었다면 어떤 생각을 했을까요?

교사는 학교 밖에 나가서도 교사입니다. 홀가분한 마음의 등산길, 편안한 사람끼리의 대화라고 해도 공개된 자리에서의 학생 험담은 듣는 이를 당혹스럽게 합니다. 술자리 같은 곳에서도 마찬가지입니다. 그나저나 '그 새끼는 싸가지가 없어.'를 생생하게 들어버린 우리 아들. 아무 말도 안 하던데, 녀석은 무슨 생각을 했을까요?

셋!

모르는 사람을 부를 때 무조건 '사장님' 하던 때가 있었습니다. 요즘은 '사장님'보다 '선생님'이라는 호칭이 더 자주 쓰이는 것 같습니다. 길에 나가면 누구나 다 선생님이 되고 사모님이 됩니다. 그런데 교사 스스로 '선생님'이라는 호칭을 쓸 때는 조금 신중해야 할 필요가 있다고 생각합니다.

아이들 앞에서 "선생님이~" 하는 것은 자연스럽습니다. 그러나 학부모와의 전화 통화 때, "저 종일이 담임선생님입니다."

하는 것은 아무래도 어색합니다. '선생님'이 존칭인데 내가 나에게 높임말을 쓰는 건 좀 그렇죠? 마치 회사에서 직장 상사에게 "저 김 부장님입니다." 하는 것 같잖아요. 무난한 것은 "저 종일이 담임선생입니다."죠.

그런데 선생이란 단어에도 높임의 의미가 내포되어 있습니다. 결국, 가장 자연스러운 표현은 "저 종일이 담임입니다." 또는 "저 종일이 담임교사입니다."가 될 겁니다. 학교 안에서 선생님들과 인터폰을 할 때도, "고철영 선생입니다."보다는 "고철영입니다."가 자연스럽습니다.

넷!

하루의 마무리, 종례시간. 한 시간 전에야 겨우 결정된 내용을 아이들에게 알려줍니다.

"내일~, 음~, 내일은, 오전 수업만 한다."

이때 아이들의 반응은 "와아~!"가 되어야 정상입니다. 그런데, "에이, 다 알아요." 이렇게 되면 당연히 저도 맥빠지죠. 매일같이 듣기 싫은 소리만 하는 담임, 모처럼 애들 좋아할 소식을 전하는데, 이미 아이들은 다 알고 있다!

이럴 때가 종종 있습니다. 아이들이 즐거워할 일 또는 그 반대의 일, 미리 알지 않았으면 좋을 법한 내용까지도 모두 아는 경우가 있습니다. 어떤 때는 제가 아이들에게 학교 돌아가는 사정을 들어서 알게 되기도 합니다. 아마도 맘씨 좋은 다른 선생님이 수업시간에 신속한 정보를 제공해주는 모양입니다. 이런 친절함이 나쁘지는 않습니다만, 때에 따라 담임의 입장을 난처하게 만들 수도 있습니다.

아이들이 수업 내용 이외의 것에 대해 물을 때, 교사는 답변 여부를 다시 생각해볼 필요가 있습니다. 담임을 통해서 전달받게 하는 것이 낫겠다고 판단되면 말하지 말아야 합니다. 아울러 선생님들의 사생활에 관련된 이야기도 신중해야 합니다. 본인의 의도와는 전혀 다르게 해당 선생님이 불쾌하게 느낄 수도 있으니까요.

담임도 말에 신중할 필요가 있습니다. 학년 말에 새 학년 학급 편성을 하고 편성표를 교무부로 넘깁니다. 공식 발표 전까지 아이들에게 말하지 말자고 담임끼리 합의합니다. 최종적으로 일부 아이들 학급이 다시 바뀔 수도 있고, 또 이런저런 잡음이 발생할 수도 있어서 한 약속입니다.

그런데 한 담임이 학급 아이들에게 흘립니다. 말이 퍼집니다. 다른 반 아이들도 담임에게 달려가 조릅니다. "저 몇 반이에요?", "진범이랑 같은 반인가요?", "왜 우리 반만 안 알려줘요." 이리되면 다른 담임들 괴롭습니다. 아이들에게 친절할수록 좋습니다. 그래도 가릴 건 가릴 줄 아는 절제도 필요합니다.

다섯!

"너만 잘못한 것도 아닌데, 선생님이 심하게 야단쳐서 유감이구나."

유감이다? 제 입에서 '유감'이라는 말이 튀어나와 유감이었습니다. 언제부턴가 '유감'이라는 단어가 미안하다는, 사과의 뜻으로도 쓰이고 있습니다. 예전에 일본이 우리나라와의 과거사를 언급하면서 유감으로 생각한다는 표현을 쓴 적이 있습니다. 신문들은 외교적 발언으로써의 '유감'이 사과를 의미하는 것이라고 자상하게 설명해주었습니다. 지금 우리 정치인들도 이 말을 곧잘 사용합니다.

저는 유감이 사과로 해석되는 게 마음에 들지 않습니다. 국어사전 속의 유감은 '마음에 차지 아니하여 섭섭하거나 불만스럽게 남아 있는 느낌'이라는 명확한 의미를 지닙니다. 갑이 을에게 유감이라고 말했다면 갑이 을에게 을의 잘못 때문에 기분 나쁘다는 의미를 전달한 것입니다. 그런데 어째서 갑이 을에게 갑 자신의 잘못을 사과했다고 해석될 수 있는 것인지 모르겠습니다.

그런데 어느새 제 입에서도 미안하다는 말 대신에 유감이라는 말이 튀어나온 것입니다. 정말 유감이었습니다. 저는 사소한 일에는 사과를 잘하는 편입니다. 교실에서 책상을 건드려 아이의 볼펜을 떨어뜨린다거나, 급히 걷다가 아이의 어깨를 밀치게 된다거나, 이럴 땐 신속하게 "미안!" 하며 사과를 잘합니다.

그러나 제 오해로 아무 잘못 없는 아이를 죄인으로 몰아붙이는 경우처럼 심각한 잘못을 저질렀을 때, 이렇게 사과가 꼭 필요할 땐 입을 다물어버리는 경향이 있습니다. 그냥 대충 얼버무리면서 슬그머니 아이에게 책임을 돌려버립니다. 성격 탓인지, 교사 또는 연장자로서의 자존심 때문인지. 분명한 사실은 내가 가르치는 아이들에게 "선생님이 잘못했다."라고 말할 수 있는 교사가 되어야 한다는 것입니다.

여섯, 끝!

노무현 대통령을 공공연하게 '놈현', '노가리'로 쓰고 부르는 사람들이 있었습니다. 마뜩잖았습니다. 우리가 뽑은 우리나라 대통령을 우리가 그렇게 부르는 현실이 속상했습니다. 애들이 따라 할까 걱정이었습니다. 이명박 대통령은 '2MB'로 불리더니 '쥐박이', '가카새끼'까지 나오더군요. 박근혜 대통령은 '바뀐애'가 되었습니다.

아, 이건 아닙니다. 수업시간에 교실 안에서 이런 표현을 쓴 교사가 있다는 뉴스를 보았습니다. 교사의 입, 교사의 말, 적정해야 합니다. '말로 먹고사는' 우리, 말의 소중함을 잊지 맙시다.

말과 행동, 그 틈새

사람은 누구나 단점을 가지고 있습니다.

잘하는 게 있으면 못 하는 것도 있습니다. 말과 행동이 언제나 일치하기도 어렵습니다. 교사들도 예외가 아닙니다. 아이들 앞에서는 이렇게 해라, 저렇게 해야 한다, 하면서도 정작 저 자신은 그렇게 행동하지 못할 때가 많습니다. 가능하다면, 우리가 아이들에게 가르치는 내용과 우리 자신의 행동 사이의 간격이 더 좁아져야 한다고 생각합니다.

서울에 있는 어떤 대학에 갔을 때의 일입니다. 역사 분야 학술세미나가 열렸습니다. 우리나라 최고의 원로로 꼽히는 역사학자 몇 분이 자신의 연구결과를 발표하고 계셨습니다. 당신들에게 주어진 시간을 맞추기 위해 커다란 탁상용 시계를 꺼내 놓고 굵은 땀을 씻어내며 말씀하시는 노교수들의 모습은 참 아름다웠습니다.

그분들의 말씀을 듣는 이들은 대부분 대학교수이거나 강사 아니면 중·고등학교 역사교사였을 겁니다. 역사학을 전공하는 대학생들도 있었겠지요. 물론 발표자보다 연배가 훨씬 아래인

사람들이었죠. 저도 그 가운데 한 명이었습니다.

그런데 발표회가 시작되고 한참이 지나서야 당당하게 들어오는 사람들, 수시로 들락거리며 문밖 자동판매기에서 커피 빼오는 사람들. 자꾸만 울려대는 휴대폰 벨소리, 주변 사람들과의 지나치게 편안한 대화, 인사, 악수. 제가 만약 발표하던 노교수였다면 마이크를 집어 던지고 나와 버렸을 겁니다. 어렵게 찾아간 발표회장에서 교육하는 사람들의 비교육적인 언행만을 보고 온 것 같았습니다.

저는 연수를 받으러 가면 거의 뒷자리에 앉습니다. 이상하게 앞에 앉기 싫더군요. 뒤에 앉고 보면 앞자리는 텅 비어 있습니다. 그럼 사회자가 몇 번씩 말합니다. 뒤에 앉으신 분들은 앞으로 나와 달라고. 저는 그냥 못 들은 척 뻔뻔하게 앉아 있지요. 마음 착한 선생님들만 앞자리로 옮기죠. 이런 제가, 학교에서는 연수회장의 사회자와 똑같은 처지가 됩니다. 학생들에게 이렇게 말합니다.

"앞자리부터 앉아주세요. 뒷줄에 앉은 학생들 앞으로 나와서 앉으세요."

애들 역시 쉽게 일어나지 않습니다. 이젠 목소리가 커져야 합니다.

"뒤에서 세 줄 일어나. 앞으로 나와. 자식들아!"

교실에서는 늘 분리수거를 강조합니다. 특히 재활용품을 따로 모으라고 잔소리를 합니다. 그리고 교무실에 내려와서는 그냥 잊어버립니다. 캔 들어갈 통 안에 휴지 던져 넣고 휴지통 안에 음료수병 넣습니다. 아이들이 교무실 청소를 합니다. 휴지통도 아이들이 비웁니다. 청소하는 아이들이 어떻게 생각할지, 생각하니 부끄러운 일입니다.

애들 데리고 수학여행 가면 교사들이 자주 하는 소리가 있습니다. "녀석들, 말 되게 안 듣네. 빨리 안 모여?" 그런데 말이죠, 언젠가 전국에서 모인 선생님들 속에 섞여서 답사를 간 적이 있습니다. 그때 가이드 하던 이가 이렇게 말하더라고요.

"다양한 직종의 사람들을 안내하고 있는데요, 제일 힘든 분들이 선생님입니다. 제일 말 안 들어요. 죄송합니다."

아 쓰발 또 쌌네
야 새꺄 그만 좀 처먹어라
욕심이 똥구멍까지 차가지구
초상집 밤은 깊어만 간다
해 다시 떠오르고
다시 교실이다
어제 잃은 3만원보다
어제 잃은 3시간이 더 치명적이다
비몽사몽
그래도 수업은 계속되어야 한다
씹새꺄 볼펜 내놔
어! 누구야?
누가 친구한테 욕하고 그러냐
고운 말을 써야지

고3 담임을 위한 송가

참 신기한 일이다. 그리고 고마운 일이다. 여름에는 창가에서만 맴돌던 햇살이 지금은 창틀 넘어 거실 가득 들었다. 보일러 돌아가지 않는 겨울날 오후, 등으로 넉넉한 햇살을 받으며 마음까지 녹이고 있다가 전화를 받았다.

"형님, 상욱이가 △△대 합격했어요."

일산 사는 김 선생이 자기 반 학생의 합격 소식을 전한다. 잘됐다고, 축하한다고, 술 조금만 마시라고 말해주었다. 김 선생은 아이들이 합격하면 기뻐서, 떨어지면 속상해서 술을 찾는 사람이다. 아마 오늘도 양 선생님 청해서 함께 한 잔 할 게다.

지난번 대입 수시 전형 때 이런 일이 있었다. 김 선생은 아이들 면접시험 준비에 정성을 다했다. 특히 보람이한테 공을 많이 들였다. 고3 담임을 줄곧 맡으면서 쌓은 노하우를 바탕으로 다양한 주제와 자료를 준비해서 날마다 일대일로 면접 지도를 했다. 아이도 선생도 온 힘을 다했다. 합격이 거의 기정사실인 듯했다. 그러나 보람이의 운이 부족했던 모양인지, 실패하고 말았다.

합격자 발표 직후, 김 선생은 아이를 피해 다녔다. 아이 얼굴을 보면 마음이 너무 아플 것 같아서. 그런데 아이는 담임을 계속 찾아다녔다. 담임은 숨고, 아이는 숨은 담임 찾아다니고. "선생님, 우리 담임 샘 어디 계신지 아세요?" 몇 번을 물은 끝에, 아이는 드디어 담임을 찾았다.

"쌤! 힘내세요. 전 괜찮아요." 아이는 담임을 위로 했다. 담임이 아이를 위로한 것이 아니고, 떨어진 고통을 막 겪은 아이가 외려 담임을 위로한 것이다. 김 선생과 보람이의 숨바꼭질을 지켜보면서 부럽다는 생각을 했다. 그네들이 스승과 제자로서 서로 인정하고 신뢰하고 있음을, 내 알았기 때문이다.

블로그에 고3 수험생 엄마가 남긴 댓글을 보았다. "… 우리 아이 담임은 반 아이들이 어느 학교에 원서를 넣었는지 언제 면접을 보는지, 논술을 보는지도 모르는 거 같아요. 시험을 보든 말든 관심이 없지요. 너무 섭섭하고 야속하더라고요.…"

담임교사에 대한 속상함을 담은 글이었다. 이 말이 사실일 것이다. 개중에 어이없을 만큼 무책임한 사람들도 있는 법이다. 교사라는 사람들도 마찬가지다. 그러나 분명한 사실은 '김 선생' 같은 고3 담임들이 전국에 차고 넘친다는 것이다.

따지고 보면, 학교에서 고3 담임만큼 힘든 자리도 없다. 몸에서 진이 다 빠져나가는 듯한 고단함도, 가족을 방치하는 가장으로서의 미안함도 견딜만하다. 아이들 모의고사 성적이 안 나온다는 교장 선생님의 지청구도 괜찮다. 결과만 좋으면 모든 것이 다 용서되고, 결과가 나쁘면 아름다운 과정들이 모두 묻혀버리는 야속한 현실도 이해할 만하다.

그들이 겪는 가장 큰 어려움은 입시 결과에 대해 스스로 받는 스트레스다. 입시철 며칠 겪고 끝날 일이 아니라, 3월부터 1년 내내 안고 가야 하는 압박감이다. 다행히 결과가 좋으면, 스포트라이트가 담임을 비켜간다. '아이가 공부 잘해서 합격한 거지, 내가 뭐 한 일이 있나.' 씁쓸한 미소 한번 지으면 된다. 그래도 어찌 됐든 기분 좋다.

그런데 결과가 나쁘면, 자신을 한없이 책망하게 된다. 누가 대놓고 뭐라고 하지 않아도 내가 부족해서 아이가 합격하지 못했다는 자책감에 빠지기 쉽다. 문득, 외로움! 그렇다. 고3 담임이 감당해야 할 아픔 가운데 하나가 외로움이다.

정신없이 살아온 지난 1년의 마무리, 졸업식! 고3 담임의 뒷모습이 젖어 있다. 여름엔 아이들에게 한 줄기 산들바람이었고, 겨울엔 따사로운 햇살이었던 사람. 하지만 자신은 속으로 멍들고 속으로 퍼석하게 말라버린 딱한 사람. 그대의 외로운 어깨를 다독이고 싶다.

고3 담임들이시여! 이제 아빠·엄마로 또는 자식으로 돌아가 평범한 일상의 여유를 맛보시기 바랍니다. 비록 짧은 2월이지만, 3월을 위한 재충전의 시간이 되었으면 합니다.

그대들에게 이상국 시인의 시 한 편 소개합니다.

오늘은 일찍 집에 가자

오늘은 일찍 집에 가자
부엌에서 밥이 잦고 찌개가 끓는 동안
헐렁한 옷을 입고 아이들과 뒹굴며 장난을 치자
나는 벌서듯 너무 밖으로만 돌았다
어떤 날은 일찍 돌아가는 게
세상에 지는 것 같아서
길에서 어두워지기를 기다렸고
또 어떤 날은 상처를 감추거나
눈물자국을 안 보이려고
온몸에 어둠을 바르고 돌아가기도 했다
그러나 이제는 일찍 돌아가자
골목길 감나무에게 수고한다고 아는 체를 하고
언제나 바쁜 슈퍼집 아저씨에게도
이사 온 사람처럼 인사를 하자
오늘은 일찍 돌아가서
아내가 부엌에서 소금으로 간을 맞추듯
어둠이 세상 골고루 스며들면
불을 있는 대로 켜놓고
숟가락을 부딪치며 저녁을 먹자

_『어느 농사꾼의 별에서』 (창비, 2005)

저 사람, 선생 맞아?

회사원이 술에 취해 밤길을 갑니다. 어느 순간 멈춰 서더니 전봇대 앞에서 구토합니다. 지나가던 사람들이 그 모습을 봅니다. '꽤나 퍼마셨구먼.' 있을 수 있는 일이라고 여기며 지나갑니다. 어느 교사가 술에 취해 길가에서 구토합니다. 이 장면을 본 사람들이 말합니다. "선생이란 사람이 저러면 되나. 문제야 문제."

한 남자가 어린이를 성추행했다는 신문 기사를 읽습니다. 사람들은, "미친놈, 저런 건 확 그냥" 욕을 합니다. 교사가 성희롱했다는 보도가 나옵니다. "선생이, 선생이라는 놈이 저럴 수 있어. 말세다 말세야." 사람들은 열 배 스무 배 더 흥분해서 욕합니다. 흔히 교직을 일러 성직聖職, 천직天職이라고 말합니다. 그러나 교직이 진정한 의미의 성직이라고 생각하는 이들은 많지 않습니다. 우리 사회에서 쓰이는 성직이나 천직이란 말에는 교사에 대한 존경이 담겨 있지 않은 것 같습니다. 오히려 "교직은 성직이라는데, 선생이 그럴 수 있는 거야?"처럼 교사를 비난할 때 등장하는 용어가 성직이요, 천직입니다. 이런 사고방식이 싫었습니다. 선생도 사람이니까요.

다시 생각해보니 제가 틀렸습니다. 교직은 화려하지 않습니다. 권력도 경제적 능력도 우리와는 거리가 멉니다. 돈이 모든 걸 지배하는 세상이기에 교사들은 더 초라해집니다. 무시당하기도 합니다. 그래도 아직 사람들은 교사에 대한 애정 어린 기대를 포기하지 않고 있는 겁니다.

세상이 아무리 썩어도 교사만큼은 맑기를 희망합니다. 시궁창 속에서도 오염되지 않는 도덕의 상징으로 남아 있기를 바라는 겁니다. 교사는 뭔가 달라야 한다고 믿고 있는 겁니다. 교직을 양심적이고 도덕적인 직업이라고, 꼭 그래야 할 직업이라고 믿고 있는 평범한 보통 사람들에게 또 다른 의미의 고마움을 느낍니다. 교사의 도덕성! 크게 어긋나지 않게 지켜가야 할 우리의 숙제입니다.

하지만 요즘 부끄러워 고개조차 들지 못할 일들이 자주 벌어집니다. 어느 학교에선가 담임교사가 자신의 반 아이 답안지를 대신 써서 바꿔치기했습니다. 또 어느 학교에서는 교사들이 시험지를 빼돌려 팔아먹었다고 합니다. 돈에 교사의 양심을 팔고, 자존심마저 쓰레기통에 처박아버린 그들의 작태에 화가 납니다. 학부모가 교사에게 시험지를 받아갈 때, "선생님 감사합니다. 이 은혜 잊지 않을게요." 아마 그랬을 겁니다. 그러나 뒤돌아서 가면서 무슨 생각을 했을까요?

교사가 인간으로서의 양심을 포기하고, 교사로서의 자존심마저 버린다면 더는 교사가 아닙니다. 새삼스럽게 '성직'이라는 두 글자의 의미를 되새겨봅니다.

오해로 흥분하지 않기

카메라 사용 설명 책자를 보려고 서재 책꽂이를 뒤졌습니다. '어라, 여기 있었는데….' 늘 있던 그 자리에 있어야 할 책이 없는 겁니다. 찾는 시간이 길어지면서 얼굴로 열이 오릅니다. 큰 녀석 소행 같았습니다. 녀석이 가끔 내 물건을 쓰고 아무 곳에나 놓아두는 버릇이 있으니까요.

아이를 불렀습니다.

"야, 아빠 카메라 설명서 어딨어?"

"내가 어떻게 알아."

"너 아무거나 잘 꺼내 가잖아."

"안 가져갔다고."

"어디서 큰소리야, 짜식이."

홧김에 아이의 등짝을 후려쳤습니다. 그러면서 일방적으로 아이를 나무랐습니다. 그런 후 한참만에야 설명서를 찾았습니다. 엉뚱하게도 제 가방 안에 있더군요. 제가 직접 넣어놓고는 잊어버렸던 겁니다. 잘못 없는 애를 닦달한 것에 스스로 민망해했습니다.

『나의 라임오렌지나무』의 주인공은 다섯 살짜리 꼬마 아이 제제. 장난꾸러기 제제는 가족들에게 자주 매를 맞습니다. 특히 아버지가 무섭습니다. 아버지는, 가장으로서의 무력감으로 괴로워하던 어느 날, 아들을 심하게 팹니다.

끔찍한 매를 맞은 제제는 자신이 왜 맞았는지 이유를 모릅니다. 잘못한 것이 없으니 맞은 이유를 알 리 없지요. 아버지의 오해였습니다. 제제는 아버지를 죽일 거라고 말합니다. 총으로 쏴서 죽이는 게 아니라 자신의 마음속에서 죽이겠다고 합니다. 아버지에 대한 사랑의 끈을 끊어버리겠다는 선언입니다.

당신은 성급한 판단으로 잘못 없는 아이에게 매를 든 적이 없나요? 지나치게 흥분해서 폭력이라고 해야 할 체벌을 가한 적은 없나요? 저는 몇 번 있었습니다. 집에서는 물론이고 학교에서도요. 어느 해인가 3학년 아이들을 데리고 졸업여행 갔을 때, '깡패 짓'을 한 적도 있습니다. 그럴 때, 제제의 마음속에서 아버지가 죽듯이 저도 아이들의 마음속에서 죽었을 겁니다.

저 역시도 중학교 다닐 때, 억울한 매를 맞은 적이 있습니다. 워낙 심하게 맞아서 지금도 기억하고 있습니다. 수업시간이었습니다. 선생님이 화가 나셔서 말씀하시던 중이었습니다. 뭔가 기분 안 좋은 일이 있었나 봅니다. 워낙 무서운 분이라서 숨도 제대로 못 쉬며 듣고 있었습니다. 그런데 갑자기 목이 콱 막히는 거예요. 너무 답답해서 저도 모르게 "흠!" 했습니다. 목이 금방 개운해졌습니다.

그 순간 들려오는 소리, "어떤 놈이야!" 모두가 긴장했습니다. "지금 '에헴' 한 놈이 누구냐 말이야?" 저는 벌떡 일어났습니다. "나와!" 나가자마자 별이 보이기 시작했습니다. 엄청난 폭력이었습니다. 표현할 수 없을 만큼 맞고 또 맞았습니다. 선생님은 제가 낸 "흠" 소리를 "에헴"으로 들었습니다. 목이 막혀서 토해 낸 소리를 선생님에 대한 반항 내지는 비웃음의 소리로 오해했던 것입니다. 저는 많이 울었습니다. 맞아본 분은 아시겠지만, 아파서 우는 것이 아닙니다. 억울할 때 눈물이 나는 것이죠.

나 때문에 억울한 눈물을 흘리는 아이들이 없도록 조심할 일입니다. 다음 글 두 편은 우리 학교 3학년 아이들이 중학생 때 입은 상처입니다. 아물지 않은.

> 하루는 학생과 선생님께서 체육관으로 부르셔서 갔는데, 2학년 선배들과 3학년 선배들, 내 친구들이 무릎을 꿇고 앉아있었다. 이유는 상납을 했다는 이유였다. 나는 그 일에 관련이 없고 상납은 물론 갈취조차 하지 않았는데 내가 연관된 애들과 친구라는 이유에서 불려갔던 것이다. 선생님께서 진술서를 쓰라고 하셔서 관련이 없다고 했지만 선생님께서는 내가 친구들에게 압력을 가해 거짓말을 한다며 당구채가 부러지도록 때리셨다. 결국은 내가 관련된 일이 아니라고 밝혀졌지만 나의 반항심은 더 커졌다.

> 중학교 3학년 때는 어쩌다가 오해에 휘말려 학교폭력이라며 선생님한테 엄청 맞고 집어던져 지고 그랬었는데 지금 생각하면

이미 교직에 없어야 될 분이다. 이 일 때문에 처음으로 반성문이라는 것도 써봤는데 들은 적도 본적도 없는 반성문이라 그냥 그때 자초지종을 다 설명하여 썼는데 더 맞았다. 그런 다음엔 그냥 맞는 게 너무 무서워서, 죄송합니다라는 말을 엄청 많이 쓰고 냈는데 그제야 통과가 되었었다. 정말 끔찍했다.

대입 면접 준비 돕다가

이번엔 순발력 테스트야. 바로바로 입 열어야 해.

예.

좋아하는 꽃?

장미.

인상 깊었던 책?

엄마를 부탁해.

좋아하는 음식?

떡볶기.

기억에 남는 영화?

….

하나 정도는 생각해둬야지. 이번엔, 좋아하는 색깔?
빨강.

파랑은?
괜찮아요.

노랑은 어때?
싫어요!

응?
정말 싫어요!!

왜?
중학교 때 제일 싫어하는 선생님이 노란색을 좋아했어요.

공부도 못하는 것들이

잠깐 여러분의 중·고등학교 학생 시절을 떠올려보세요. 수업 시간에 궁금한 게 있어 질문합니다. 선생님은 대답해 주시죠. 그런데 답변이 궁해졌을 때 선생님이 어떻게 대응하시던가요? 몇 가지 유형이 있었습니다.

우선 '뻔뻔형'입니다. "짜아식, 엉뚱한 질문만 하고 있어. 시험에 안 나와, 인마." 하며 무시해버리거나, "공부도 못하는 것들이 꼭 엉뚱한 질문만 해요." 하고 면박을 주면서 질문을 '원천봉쇄'하는 선생님이죠.

'측은형'도 있습니다. 학생 질문에 답할 수가 없자, 그 주변만 뱅뱅 돌면서 오래도록 설명해주시는 선생님. 예를 들어보면, "임진왜란 때 거북선으로 왜군을 무찌른 장군이 누구예요?" 이렇게 질문했을 때, 이순신 장군이라고 말씀해주시면 되잖아요. 그런데 임진왜란은 몇 년에 일어났고, 왜군이 왜 쳐들어왔으며, 왜군을 격퇴한 사람은 서산대사, 사명당, 곽재우라는 것까지 다 설명하시고 나서 "알겠냐?" 하시는 분. 정작 이순신이라는 답은 말씀하시지 않았죠. 눈치 빠른 우리는 그냥 "예에~" 하고 알아서 대답합니다. 이런 일이 반복되면 질문을 아예 안 하게 되죠.

또 있습니다. '무지형'이라고나 할까. 이건 심각한 건데, 틀린 답을 말해주는 경우입니다. "선생님, 천마도가 경주 천마총에 있는 벽화 맞죠?" 선생님은 잠시 생각하고 대답합니다. "그렇지, 천마총에 있는 벽화가 천마도지. 그래서 이름이 천마총 아니냐." 이런! 천마도는 말안장에 거는 흙가리개 같은 겁니다. 그걸 벽화라고 했으니 큰일이죠.

요즘도 이런 분들 계실까요? 저는 '뻔뻔형' 아닙니다. '측은형'도 아닙니다. 가끔 '무지형'의 실수를 하긴 합니다. 역사 과목이라는 게 기본적으로 과거의 사실을 다루는 과목이라서, 그때 살아보지를 못해서…. 말이 되나?

아무튼, 학생들 질문에 바로 답해주는 게 가장 좋은 건 당연합니다. 그러나 아무리 교사라도 답변이 막힐 때가 있습니다. 그럴 때 제가 잘 쓰는 말은, "모르겠다. 찾아보고 공부해서 다음 시간에 알려줄게."입니다. 그러나 너무 자주 써먹으면 안 되는 말이죠.

예전에 이런 일이 있었습니다. 아직 능글맞게 대처할 요령이 없던 초보교사 때였어요. 중국 춘추전국시대를 말하고 있는데, 한 아이가 손을 불쑥 드는 겁니다. 긴장되더라고요. 왜 그런 거 있잖아요. 책 많이 보고 수업준비 충실하게 하면 겁 안 나는데, 제대로 공부하지 못하고 그래서 별로 아는 것 없이 수업 들어가면 은근히 겁나는 거.

"춘추시대와 전국시대를 나누는 기준이 뭔가요. 그리고 몇 년도부터 전국시대인가요?"

허를 찔렀습니다. 꽤 중요해 보이는 질문 같은데, 답을 알 수가 없었습니다. 내 의지와 상관없이 얼굴이 빨개지더군요. 앞 시간에도 질문에 답하지 못했던 것 같은데 또…. 겨우 뱉어낸 소리가 "잘 모르겠는데."였습니다. 그때 질문했던 아이의 얼굴을 보니 슬며시 웃더라구요. 비웃음이었을 겁니다.

저 그날 충격 먹었습니다. '실력 없는 교사' 소리는 정말 듣기 싫었습니다. 그때부터 모질게 공부했습니다. 수업 준비도 열심히 했습니다. 밤도 새곤 했고요. 고스톱이 아니라 공부를 하면서. 그 아이 덕분에 연구하는 교사가 된 셈입니다.

그런데 요즘은 수업 준비 대충 합니다. 아이들이 질문을 거의 하지 않아서 일거예요. 편해서 좋기는 하지만, 질문 없는 게 저 자신에게 마이너스라는 걸 압니다. 훌륭한 교사는 학생들 스스로 활발한 질문을 할 수 있도록 수업을 이끌어야 한다는데, 저는 그걸 제대로 못하고 있네요.

칭찬은 다다익선

교사의 한마디 말이 아이의 인생에 중요한 계기가 되기도 합니다. 홧김에 던진 한 마디가 아이의 가슴에 비수처럼 박혀 평생을 기억하게 하는 경우도 많습니다.

"넌, 인간쓰레기야!"

이런 소리를 선생님에게 들었다면, 그걸 어찌 잊을 수 있겠습니까.

"너희 부모님이 그렇게 가르치디?"

노골적인 욕설은 아니지만, 아이들이 끔찍하게 싫어하는 말입니다. 자신과 부모를 싸잡아 힐난하는 소리에 아이는 모멸감을 느낍니다. 부모에 대한 존경 여부를 떠나서 말입니다. 불쑥 뱉어놓은 한마디가 나 자신을 빵점짜리 교사로 만들 수도 있습니다.

질책은 신중하게, 칭찬은 풍성하게!

아이들에게 칭찬을 많이 하면 할수록 좋습니다. 칭찬과 격려는 아이들을 쑥쑥 크게 하는 영양제입니다. 왜, 칭찬은 고래도 춤추게 한다지 않아요. 중간고사 70점 받은 아이에게, "그동안 지켜보니 수업태도가 참 바르더라. 조금만 공부하면 90점 그냥 넘겠다. 기대할게!" 하고 격려해주면 그 아이는 기말고사에서 정말 90점을 넘습니다.

초등학교 아이들은 더 말할 나위도 없을 겁니다. 마른 스펀지가 물을 빨아들이듯 선생님의 칭찬을 빨아들인 아이들은 의식과 행동이 완전히 바뀌기도 합니다. 초등학교 아이들에게 가장 좋은 칭찬은 자신감을 심어주는 칭찬입니다. 자신감을 얻은 아이들의 행동 변화(물론, 긍정적인 변화)나 성적 향상 속도는 괄목할 정도니까요.

그런데 말이죠, 뜻밖에 칭찬이 어렵더라고요. 칭찬해줘야 할 때 칭찬하지 못하면서 잔소리할 때면 너무나도 잘하는 제 모습, 저도 마음에 들지 않습니다. 겨우 칭찬한다는 것이 "잘했어!" 이 정도라면 좀 무능한 교사라고 해야 합니다.

칭찬에 인색한 경우는 교사의 성격 탓이기도 하지만, 사실은 노력 부족이라고 생각합니다. 열심히 공부해야 질문거리가 생기듯이 아이들을 정성스럽게 관찰해야 칭찬거리를 찾을 수 있습니다. 아이가 어떤 분야에 재능이 있는지, 청소 시간에 딴짓 하지 않고 맡은 일은 잘하는지, 친구들과 잘 어울리고 있는지 알아야 칭찬도 해줄 수 있으니까요.

아이의 재능을 알아본 선생님의 칭찬이 그대로 아이의 직업이 되는 사례가 적지 않습니다. 제가 좋아하는 정호승 시인은 중학교 때까지 시 쓴다는 걸 생각조차 안 했다고 합니다. 그런데 국어 선생님께서 시를 써오라는 숙제를 냈습니다. 끙끙거리며 숙제를 했지요. 선생님은 많은 학생 가운데 '정호승'을 호명하며 써온 시를 읽어보라고 했답니다. 그걸 듣고 선생님은 이렇게 말씀하셨답니다.

"열심히 노력한다면 넌 훌륭한 시인이 될 수 있을 것 같구나. 앞으로 열심히 한번 써봐."

새로울 것도 없는 것 같은 칭찬입니다. 그러나 이 칭찬 한마디가 훌륭한 시인을 탄생하게 했습니다. 멋있는 칭찬보다는 평범해도 아이들의 가슴으로 스며드는 칭찬, 그런 칭찬을 많이 하는 교사가 되고 싶습니다.

자퇴한 정희에게

이제 와 이런 말 해도 달라질 건 없겠지만 말이에요.
저, 학교는 비록 잘렸어도 선생님의 영원한 제자로 남고 싶어요.
그래도 되나요?
선생님께 항상 걱정만 끼쳐 죄송합니다.
그럼 항상 건강하시고 행복한 일만 있기를 바랍니다.

_선생님의 못난 제자 정희 올림

정희야! 너 자퇴 처리하고 착잡해하던 어느 날, 너의 편지를 받았다. 눈가가 뜨듯해졌다. 결국, 너를 어쩌지 못하고 학교 밖으로 내보내고 말았는데…. 선생님, 너로 인해 많이 힘든 나날이었다만 또 너로 인해 성숙해질 수 있었단다.

네가 집을 나간 것이 5월이었어. 그때부터 집에 들어왔다가 며칠 만에 다시 나가는 일이 반복되었지. 너 나가 있던 어느 날, 우리 반 친구가 밤늦게 전화를 했더라. 너를 학교 근처에서 봤다는 소식이었다. 선생님은 차를 몰아 양곡으로 향했다. 차 안에서 너의 아버지에게 전화했다. 우여곡절 끝에 너는 아빠 손에 이끌려 집으로 갔다. 그때가 새벽 한시쯤 되었던 것 같다.

네가 돌아왔음에 안도하며 선생님은 우리 집으로 가고 있었다. 거의 도착할 무렵, 네 엄마의 전화를 받았다. 울음소리에 섞인 엄마의 말씀을 통해서, 네가 맨발로 집 뒷산으로 다시 도망친 사실을 알았다. 차를 돌려 너희 집으로 갔다만 끝내 너를 찾을 수가 없었다. 그 후 아주 오래도록 너를 볼 수가 없었지.

계절이 몇 번 바뀌고서야 너는 집으로 돌아왔다. '숨 막히는 감옥'으로 여기고 벗어나려고 몸부림치던 집었지만, 버리고 나간 후에야 가족 품의 소중함을 알게 됐다고, 너는 말했다. 돌아온 너의 목소리는 평화롭고 행복하게 들렸다. 전화기로 들려오는 네 어머니의 웃음소리에서 너희 가족에게 다시 햇살이 비치고 있음을 알았다.

정희야! 이제야 고백하는데, 네가 긴 방황을 멈추지 못했던 데는 선생님의 책임도 크단다. 3월의 너는 꽃처럼 밝고 화사했었어. 4월의 너는 어딘지 좀 이상했다. 근심 어린 표정으로 창밖을 응시할 때가 많아졌지. 그때 선생님은 '제가 좀 이상하다.' 하는 생각을 했단다. 그런데 다른 속 썩이는 친구들에 신경 쓰다가 너에겐 아무런 말도 하지 못했단다. "너 어디 아프니?" 그 한마디조차 던져보지 못했다.

만약 그때, 너랑 마주앉아 네 가슴 속 이야기를 들어볼 수 있었다면, 그래서 너의 아픔을 조금이라도 덜어낼 수 있었다면…. 그랬다면 네가 더 인내하며 학교생활을 할 수 있지 않았을까? 이런 생각이 지금도 떠나지 않는다. 그래서 미안하다.

아무 말도 하지 못했다

2009년 6월 22일 월요일

우울하다. 올해 들어 처음 몽둥이를 들었다. 우리 반 아이들 35명, 그래도 말로 잘 달래며 여기까지 왔는데 오늘, 기록이 깨졌다. 4개월 동안 잘해왔는데, 이제 조금 지나면 방학인데, 여기서 멈췄다.

좀 허탈하기도 하다. 때려줄 녀석은 셋이었다. 그런데 두 녀석만 때렸다.

"맞아야겠지?"

"예."

"몇 대 맞을까?"

"세 대 맞겠습니다."

"그래."

두 녀석의 엉덩이를 3대씩 때렸다. 한 녀석은 많이 맞아야 할 녀석이었다. 그런데 속으로 망설임을 반복하다가 때려주지 못했다. 녀석은 평소 나무랄 데 없는데, 별안간 욱! 하는, 불같은 성미가 문제다.

오늘도 그것 때문에 안 좋은 일이 있었다.

"넌 욱하는 게 문제야, 인마. 그 성질 못 죽이면 정말 큰일이야."

"…"

"억울한 게 있다고, 그따위로 무례하게 굴면 어떻게 해. 넌 좀 맞아야 해."

"…"

"몇 대 맞을래?"

"선생님은요? 선생님도 저 보자마자 소리부터 질렀잖아요. 선생님도 욱했잖아요. 무슨 일인지 물어보시지도 않고 처음부터 화내셨잖아요."

원망 가득한 녀석의 눈에서 두 줄기 눈물이 흘렀다. 난 녀석을 그냥 보낼 수밖에 없었다.

2014년 5월 15일 목요일

녀석이 학교에 왔다. 실실 웃으며 날 끌어안는다.

"징그러 새꺄."

반갑다는 말을 이렇게 했다. 머리가 짧았다. 며칠 전에 제대했다고 한다. 1학년 때 담임했던 인연, 고운 정 미운 정 깊이 들었던 녀석. 이제는 어엿한 청년이 되어 스승의 날이라고 이렇게 내 앞에 앉아 있다. 여전히 실실 웃으며.

천국에서 떨어지기까지, 단 10분!

드디어 수능을 치렀다. 어렵게 여기까지 왔다. 여름방학부터 퇴근 시간은 보통 밤 10시, 이르면 9시였다. 5시에 퇴근해본 적이 별로 없다. 각오하고 긴장하며 살았기 때문인지, 늦은 퇴근은 견딜만했다.

가장 힘든 때는 수시 1차 원서접수 기간이었다. 어떻게 그 고통의 터널을 빠져나왔는지 모른다. 학급 거의 모든 아이가 적게는 두세 대학에서 많게는 열 곳이 넘는 대학에 원서를 냈다(지금은 최대 여섯 개 대학만 쓸 수 있다.). 아이들이 쓴 자기소개서를 검토해주고, 수없이 많은 교사추천서도 썼다. 낮에는 아이들 원서 접수를 도와줘야 했기에 소개서 검토와 추천서 작성은 집에서 해야만 했다. 잠은 서너 시간밖에 자지 못했다.

그런데 더 힘든 게 있었다. 수시 1차 합격자 발표를 지켜보는 일이었다. 기도하는 마음으로, 아니 기도하면서 살았다. 그러나 합격자가 별로 없었다. 속절없이 떨어지는 낙엽만 바라보며 한숨짓는 나날의 연속이었다. 젠장, 하늘은 푸르기만 했다.

출근하자마자 컴퓨터 앞에 앉았다. 그날은 여러 대학이 합

격자를 발표했다. 10시, 2시, 5시. 발표시간은 이미 알고 있지만, 시간을 앞당겨 발표하는 대학들이 많기에 아침부터 대학 홈페이지를 기웃거리는 것이다.

○○대학교! 우리 반에서 3명이 오늘 최종발표를 기다리고 있다. 한 아이는 거의 합격할 것으로 보이고, 한 아이는 반반, 한 아이는 좀 힘들 것 같다고 속으로 여기고 있었다. 드디어 10시! 재빠르게 접속, 주민등록번호 넣고 클릭. 합격! 합격! 합격! 세 아이 모두가 합격이었다. 흥분했다. 마약에 취하면 이런 기분 아닐까 싶었다.

나도 모르게 소리를 지르고 손뼉 치고 껑충껑충. 아! 천국이었다. 아이들 등록예치금 고지서까지 모두 출력했다. 아이들에게 합격소식을 전하려고 하다가, 혹시 몰라 한 번만 더 확인해보기로 했다. 어라! 접속이 안 되네. 별안간, 왠지, 찜찜했다. 불안했다. 결국, 전산 오류로 응시자 전원을 합격자로 발표했던 것이었다.

천국에서 지옥으로 내려오는데 딱 10분 걸렸다. ○○대학교가 엄청난 잘못을 한 것이었다. 이 사태를 우리 반 아이들이 모르고 있는 게 그나마 다행이었다. 전국적으로 합격의 기쁨에 빠졌다가 절망한 아이들이 얼마나 많을까. 그 아이들의 아픔을 누가 씻어줄 것인가.

한참 뒤 합격자 명단이 발표됐다. 우리 아이 셋 모두 낙방이었다. 몸에 남아 있던 기운이 모두 빠져나갔다. 3학년 담임들과 저녁을 먹으러 갔다. 짜장면집에서 반주로 맥주를 한잔 가득 마셨다. 술기운이 올랐다. 술을 마시지 못하기에 맥주 한잔은 상당한 양이다. 좀 더 마시고 싶었지만, 아이들을 봐야 해서 참았다.

학교로 돌아왔다. 독서실에서 멍투성이 가슴을 안은 채 우리 아이들은 공부하고 있었다. 한 바가지 눈물을 눌러 놓은 채 우리 아이들은 수능 준비를 하고 있었다. "그래 정시까지 간다고 생각하고, 한 문제라도 더 풀자." 해 줄 말이 이것밖에 없었다. 우리 아이들 시작은 우울하나 끝내 웃으리라, 믿는다.

우리가 있어야 할 곳은, 교실!

정신없습니다, 정신없어요. 생활기록부 마무리 작업 중입니다. 이 2월이 가면 다시 손댈 수 없습니다. 오타 하나라도 생기면 곤란해요. 한참 열중하는데, 5반 반장이 와서 저를 부르네요. "왜?" 아이고, 수업이랍니다. 시계를 보니, 뭐야, 30분이나 지났습니다. 수업 들어가는 걸 깜빡하고 있었네요. 서둘러 교실로 갑니다.

가끔 이럴 때가 있습니다. 미안하죠. 아이들한테. 그걸 아이들이 더 좋아한다고요? 그래도 도리가 아닙니다. 수업 진도 다 끝난 2월인데, 뭘…. 어정쩡한 2월이니까, 더 교실을 지켜야 한다고 저는 생각해요. 영화를 보여주건, 자습을 시키던, 그냥 떠들고 놀게 내버려 두던, 어찌 됐든 수업시간엔 교사가 교실에 있어야 합니다. 부득이한 경우에는 할 수 없지만, 너무 쉽게 교실을 비우는 일은 없어야 합니다.

대개 학교에서는 야간 자율학습을 시킵니다. 이제 강제성을 띄지 못하니, 그야말로 아이들 희망에 따라 자율학습 인원이 정해집니다. 그래도 감독교사는 필요합니다. 야간 자율학습하겠다고 신청해놓고도 공부를 제대로 하지 않는 아이들이 있으니까요. 출석 점검하고, 자는 아이 깨워주고, 휴대폰 만지작거리는 아이 혼내 주고, 너무 지쳐 보이는 아이 토닥여주고…. 감독교사가 할 일이 꽤 있습니다. 근무시간 외에 추가되는 야간 근무이니, 초과근무수당을 받게 됩니다. 금액 참 알량하지만요.

다음 얘기, 이미 짐작하셨죠?^^

그렇습니다. 감독교사는 애들 공부하는 거기에 있어야 합니다. 교실이건 독서실이건, 자율학습 장소에 있어야 합니다. 교무실이 아니죠. 아이들 '방치'해두고 교무실 기타 등등의 장소에 있으면 곤란합니다. 감독교사가 아이들 공부 장소에 있을 때와 없을 때의 엄연한 차이를 선생님들도 아실 겁니다. 일감이 많으면 가지고 들어가세요. 신문을 보시든, 컴퓨터를 하시든, 그건 선생님의 권리입니다. 다만, 자리는 지킵시다.

우리 큰애가 고등학교 몇 학년 때던가, 집에 와서 그래요. 밤에 담임선생님과 같이 읍내 PC방 돌았다고. 뭔 소리인가 했더니, 이런 일이더라고요. 반마다 교실에서 야간 자율학습을 하는데, 아들 녀석 반 아이들 여러 명이 도망갔습니다. 그땐 반강제로 모든 아이 남겨서 공부시킬 때죠.

도망간 아이들은 PC방에서 게임하다가 자율학습 끝날 시간쯤에 귀가합니다. 부모님들은 그걸 모르고, "아들! 밤늦도록 공부하기에 얼마나 힘들었어." 하는 거구요. 담임선생님은 우리 아이를 PC방에 들여보내 친구들을 나오게 했습니다. 그렇게 학교로 데려왔대요. 귀찮은 일인데, 선생님 참 고맙지요.

그런데 만약에요, 아이들이 공부하다 중간에 도망가는 일이 빈번하다면, 무얼 의미하는 걸까요? 의미라고 할 것도 없네요. 감독교사의 부재! 교실에 계셔야 할 선생님이 교실을 비웠기에 이런 일이 생기는 겁니다. 우리가 있어야 할 곳은 교실입니다.

노블레스 오블리주

신용카드 정보유출 대란을 겪었습니다. 제 정보도 다 파헤쳐졌더군요. 카드번호와 유효기간까지. 신용카드라는 게 세상에 처음 나왔을 때, 저런 게 굳이 필요한가 싶었는데, 이제는 카드 없이는 살 수가 없을 것 같네요. 싹 없애버릴까 싶었지만, 그러지 못하고 은행 가서 재발급받았습니다. 카드 새로 만들었다고 해서 안전하다고 믿지는 않습니다. 마음 한구석 찜찜함 달고 살 수밖에요.

단 몇 사람의 나쁜 짓으로 세상 전체가 흔들렸습니다. 문뜩 무섭다는 생각이 듭니다. 이번에 사고 친 그 사람들은 공부를 잘했을까요. 못했을까요. 제 생각에는 공부 꽤나 한 똑똑한 사람들 같습니다.

사회를 이끌어가고 세상을 더 발전시키는 사람들은 대개 공부를 많이 한 똑똑한 사람들입니다. 그런데 사회를 큰 혼란에 빠트리고 세상을 흔들어대는 사람들도 좋은 대학 나온 똑똑한 사람들일 가능성이 큽니다. 그만큼 영향력을 발휘하는 위치에 있을 테니까요. 새삼 바른 인성의 중요성을 생각하게 됩니다. 특히

각 분야의 리더로 커 나갈 가능성이 상대적으로 높은 아이들, 공부 잘하는 아이들을 우리는 어떻게 가르쳐왔는지 되돌아봅니다.

공부만 잘하면 모든 것이 용서되는 사회, 이런 사회는 건강한 사회가 아닙니다. 공부만 잘하면 무조건 대우받는 학교, 이런 학교는 건강한 학교가 아닙니다. 그런 아이들일수록 공동체의 소중함, 애타심, 책임감 등을 더 신경 써서 심어줘야 한다고 생각합니다. 저도 공부 잘하는 아이들, 오냐오냐하면서 지냈습니다. 어깨나 한 번씩 두드려주고, 조금 늦게 등교해도 슬쩍 눈감아 주며 공부를 도왔습니다. 그런데 언젠가부터 이게 아니다 싶었습니다. 지금은 그렇게 하지 않습니다.

학급 운영할 때 1, 2등 하는 아이들에게 궂은일을 더 시킵니다. 청소 당번이 모자랄 때도 그 아이들을 시킵니다. 옛날 '빠따'를 칠 때도 그 아이들은 몇 대 더 때렸습니다. 다른 아이들은 그냥 넘어갈 만한 일도 그 아이들이 개입되면 넘어가지 않고 혼냈습니다. 조회 시간에 늦게 들어오면 꼭 벌을 줬습니다. 특히 이기적인 성향을 보일 때는 노골적으로 혼냈습니다. 나를 원망해도 미워해도 어쩔 수 없다고 여겼습니다.

"너 하는 짓 맘에 안 들어."

"너 공부가 다가 아냐, 성격부터 뜯어고쳐야 해."

"니가 열심히 해서 공부 잘하는 거 맞아. 근데 저 친구들 때문에 니 등급 유지되고, 석차백분율 올라가는 거야. 친구들 몇 명 전학 가서 학생 수 줄어든다고 생각해봐. 너 1등이라도 석차백분율 바로 떨어져. 고마운 마음을 먹어야 되는 거야. 친구들한테."

그냥 내질러 버립니다. 물론 공부 잘하는 아이들은 그 아이들대로 엄청난 스트레스와 중압감에 힘듭니다. 부모의 기대, 학교의 기대가 양어깨 짓누르는 고통, 어떨 때는 공부하는 모습이 가엾고 측은합니다. 그런 아이들에게 화장실 청소시키고 잔소리하는 거, 모질게 맘먹지 않으면 하기 어렵습니다.

다행히도 아직은 아이들이 담임의 마음을 헤아려 준 것 같습니다. 뭘 하든 학급 일, 학교 일 열심히 했습니다. 공부 핑계로 귀찮은 일 피해가려는 아이들이 없었습니다. 제가 학력 우수한 아이들에게 까탈스럽게 구는 것이 그 아이들 인성에 정말 보탬이 되는지, 솔직히 자신할 수 없습니다. 그래도 저는 "오냐오냐, 그래그래." 하면서 키우지는 않으렵니다.

인성교육의 필요성을 듣고 말할 때마다 마음 한구석 무겁습니다. 많은 이들이 인성교육 방법론에 대해 말합니다만, 저는 인성교육의 근본은 학생을 가르치는 교사 자신의 인성이라고 생각합니다. 굳이 가르치지 않아도, 교사의 언행에서 퍼지는 아름다운 인성의 향이 아이들에게 자연스럽게 스미게 되면, 그게 훌륭한 인성교육이라는 생각입니다. 그럼에도 나에게서 그런 향을 내지 못하기에, 마음이 무겁습니다.

아직도 후회할 일만

강한 자에 약하고 약한 자에 강한 자!

어느 사회, 어느 직장에나 이런 부류의 사람은 꼭 있다. 우리는 이런 부류의 사람을 경멸한다. 나도 이런 사람을 좋아하지 않는다. 그러면 나는 어떤 인간일까? 강한 자에 강하지 못하다. 약하다. 비굴까지는 가지 않는 것 같아 다행이라고 생각한다. 그렇다고 약한 자에게 강하게 굴며 살지도 않았다.

나는 교장, 교감 선생님보다 평교사들을 더 무섭게 여긴다. 선배교사보다 후배교사가 더 어렵다. 후배 교사들에게 나이를 벼슬 삼아 큰소리쳐본 적이 없다. 나이 핑계로 젊은 사람들에게 일을 미뤄본 적도 거의 없다. 잘하는 짓이라고 생각한다.

그런데 오늘 후회할 일을 저질렀다. 몸과 마음 고단하고 여유 없고 신경 예민한 처지라서 그랬다고 스스로 변명해보지만, 그래도 불편하다. 3월에 담임들은 이것저것 조사해서 제출할 것이 아주 많다. 때로는 숨 가쁠 정도다. 오랜만에 고3 담임을 맡은 나는 아직도 똥오줌 못 가리며 허우적거리고 있다. 컴퓨터 화면에는 뭘 제출하라는 메시지가 쉬지 않고 뜬다.

올해 부임한 신임 선생님도 뭘 내라는 메시지를 자주 보낸다. 그런데 이 양반 메시지 보낼 때마다, '내일까지 내주세요.' '오늘 중으로 제출 바랍니다.' 늘 서두른다. 오늘 조사하라고 말해놓고 오늘 조사 결과를 제출하라는 소리에 신경이 날카로워졌다.

오늘 2교시에 특별활동 부서 편성이 있었다. 그런데 3교시 되자마자 부서 편성표 제출해 달라는 그 신임 선생님의 메시지를 보는 순간 화가 치밀어 올랐다. 앞뒤 생각 없이 전화기를 들었다.

"이봐요. 왜 이렇게 서둘러요. 오늘 다 걷어서 뭐할 건데? 아주 급한 것 아니면 보통 3~4일은 여유를 두는 거예요. 선생님도 담임하고 있잖아요. 담임들 정신없이 바쁘니 서로서로 배려하고 살아야지. 내라니까 내는 방향으로 하겠지만, 앞으론 이러지 마요. 예?"

'일장훈시'였다.

퍼붓고 나니 시원해 줬는가? 아니었다. 내가 왜 그랬을까, 바로 후회가 밀려왔다. 내용보다도 내 말투가 문제였다. 짜증스런 목소리였고, 잘못한 학생 혼내는 선생 같았다. '배려'라는 단어를 들먹였지만, 나부터 그에 대한 배려가 없었다.

그는 경험 없는 신임교사다. 첫해부터 담임까지 맡았다. 맡은 행정업무도 적지 않다. 아직은 모든 게 낯설고 불편하고 조심스럽다. 힘들어도 힘든 티를 내기조차 어렵다. 학급을 잘 운영하고 싶고 잘 가르치고 싶고 또 자신이 맡은 각종 행정업무도 신속하게 매끄럽게 처리하고 싶다. 그러다 보니 좀 서두르게 됐다.

뭐 큰 잘못을 저질렀다고, 나는 침 튀겨가며 호통을 친 것인가? 나이 어린 초보교사라고 깔본 것인가? 지적해주고 싶었다면 둘이 만나 조용하게 말하거나, 메시지로 해야 했다. 이게 잘못됐다고 말하기보다는 이렇게 하는 것이 더 좋다고 말해줘야 했다. 그 선생님 나 때문에 아픈 주말이 될지도 모르겠다. 미안하다. 월요일엔 찾아가 사과해야겠다.

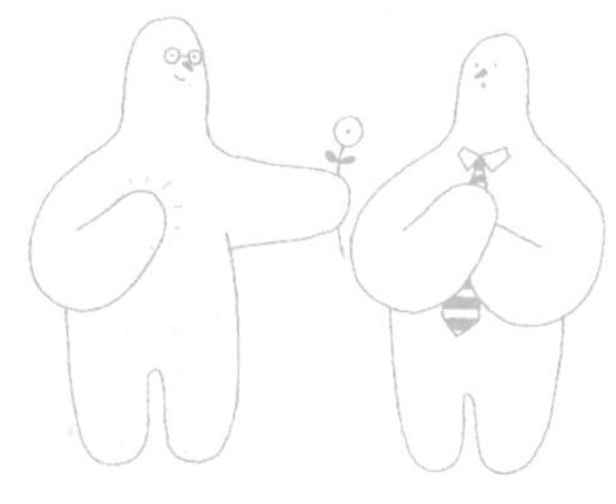

선생님, 백일을 축하합니다

곧 수업 시작될 아침, 교무실에 선생님들 다 모였다. 교장, 교감 선생님까지 전원참석. 그래야 모두 합해 열 명. 그들은 동그랗게 모여 케이크 촛불을 밝히고 생일 축하합니다, 노래를 불렀다. 누군가는 휘파람도 불었다. 아기 선생님 하나 볼그레한 얼굴로 촛불을 껐다. 손뼉 치는 소리, 왁자그르르 웃음 굴러가는 소리.

그날은 초임교사 강 선생님의 생일이, 아니었다. 학교에 부임한 백 일째 되는 날이었다. 전교생 70여 명의 앙증맞은 시골학교에 첫 발령 받고 온 지 100일. 부모 같은 선배 교사들이 용케 그날을 기억했다가 깜짝 이벤트를 열어준 것이다. 강화도 불은 초등학교에서.

학교에서 초임교사 백일 잔치했다는 소리를 처음 들었다. "와~, 멋진데." 하다가 자신을 돌아보게 됐다. '난 선생 노릇 제대로 하지도 못하고 나이만 먹었구나.' 하는 생각을 했다. 받은 만큼 베푸는 사람이 있고, 받은 이상으로 베푸는 사람도 있는데, 나는 받아만 먹었을 뿐, 제대로 베풀지를 못했다.

교직 생활을 시작한 곳이 경남 마산이었다. 강화도에서 남녘

끝까지 가게 될 줄은 몰랐다. 그래도 외롭지 않았다. 무뚝뚝할 줄 알았던 경상도 선생님들은 따뜻했다. 넓고 깊었다. 학교에서 불편하지 않도록 돌보아주었고, 퇴근 후에도 하숙집에 둘러 이것저것 챙겨주는 분들이 많았다. 덕분에 행복한 4년을 마산에서 보냈다.

지금의 학교로 옮겨왔을 때, 초임교사보다 더 조심스럽고 낯설었다. 대인관계가 소극적이기에 적응을 걱정해야 했다. 그러나 기우였다. 선생님들은 아낌없는 관심과 사랑으로 내가 뿌리 내릴 수 있도록 도와주었다. 지금도 피붙이보다 더 진한 정으로 도움을 주는 선생님들이 많다. 나는 그들에 의지하여 오늘을 산다.

그런데 나는 새로 오는 선생님들에게 무엇을 했나? 한 게 없다. 나만 바쁜 것이 아닌데, 모두가 정신없이 돌아가는 학교인데, '내 코가 석 자'라는 말 뒤에 숨어 모르는 척하기 일쑤였다. '애들도 아닌데, 알아서 하는 거지.' 이런 생각마저 한 적도 있다. 이러면 안 되는 거였다.

올해 우리 부서에 초임 교사가 왔다. 기간제 경험조차 없는 완전 초짜 선생님이다. 개학 첫날, 애들 만나는 설렘, 가르침의 그 숭고함에 가슴 떨리고 있을 꼬맹이 배 선생에게 내가 건넨 첫말은 열심히 가르쳐라가 아니었다. 애들 많이 예뻐해 주어라도 아니었다. 나는 가르치는 것 이상으로 행정업무 처리가 중요하다는 말을 거듭 강조해서 말했다.

배 선생 수업이 서툴러도 나에게 오는 불편함은 없다. 그런데 행정 업무 처리가 안 되면 당장 부서장인 내가 피곤해진다. 그래서 애들 만날 준비로 바쁜 배 선생 불러 세워놓고 맡은 업무 잘해야 한다고 못을 쳤던 것이다. 내가 이렇게까지 뻔뻔해졌다.

학생을 가르치고 지도할 때, 내가 저 나이 때는 어땠나, 떠올려 보곤 한다. 그러면 아이들을 더 이해할 수 있게 된다. 이제, 내가 초임교사 때는 어떤 생각을 했고 뭐가 힘들었던가, 되짚어보며 초임 선생님들을 보아야겠다. 그래서 무엇이든 보탬이 되는 선배교사가 되고 싶다.

배 선생 백일 되는 날, 케이크를 준비하고 생일 축하 노래 불러 줄 자신이 없다. 쑥스럽다. 집에서도 못하는 일이다. 마음과 몸이 따로 움직이는 것을 이제는 어쩔 수 없는 일로 받아들인다. 대신 배 선생 좋아하는 짜장면에 탕수육 나눠 먹으며 우리의 아이들을, 교육을, 교사를 이야기해보고 싶다.

너 그렇게 살면 안 돼

점심때 메일을 열었다. 꽤 많이 오긴 했는데, 한 통 빼고는 모두 스팸이다. 그 한 통은 김혜정이라는 여인이 보낸 '너 그렇게 살면 안 되.'라는 제목의 메일이었다.

김혜정? 김혜정? 어디서 들어본 것도 같고 아닌 것도 같다. 제목은 또 뭔가. 맞춤법도 안 맞는, '너 그렇게 살면 안 되.'라니. 일단 열어봤다.

허, 이런…. 돈 싸게 빌려준다는 스팸이다. 아, 혜정이 너마저도….

그런데, 제목을 읽으며 나도 몰래 움찔했다. 차 몰고 가다 경찰차 보이면 괜히 그러하듯이. 왜 그랬을까? 나는 왜 "너 그렇게 살면 안 돼!" 이 한마디에 주눅이 들고 말았을까. 밤이 깊었다. 비는 그치고 고요가 내렸다. 남은 빗방울, 처마 끝에 매달렸다가 힘 다하여 떨어지는 소리, 들린다.

마산중앙고, 교실 창가에 서면 저 아래 푸른 바다가 한눈에 들었다. 커다란 배가 멈춘 듯 움직이며 묵직한 고동 소리 뿜으면, 가슴이 저렸다. 그곳에서 3년 만에 담임을 맡았다. '첫 직장'보다

'첫 담임'에 나는 더 설레었다. 그렇게 좋을 수가 없었다. 진짜 선생이 된 기분이었다. 내 아이들은 또 얼마나 예뻤던가.

그랬는데, 언제부턴가 담임 좀 안 하면 얼마나 좋을까, 1년만 빠져도 원이 없겠다, 노래하며 살았다. 그 노래가 효력을 발해서 작년에 담임을 안 했다. 몸이 형편없이 약한 탓에 학교 측의 배려를 입은 것이다. 조금 허전하긴 했지만 좋았다. 조·종례 들어갈 일 없고, 생활기록부 입력 작업할 필요 없고, 아이들 때문에 속 썩을 일 없고. 그렇게 만족했어야 했는데, 어느새 올해도 담임 빠졌으면 좋겠다는 욕심이 다시 일었다. 편안함에 맛이 들어버렸다.

내가 몸 편한 만큼 동료 가운데 누군가가 더 많이 힘들어진다는 사실을 잊고 살았다. 학교에서 담임 안 하기는 하늘의 별 따기만큼 어렵다. 부장교사 빼고, 담임 맡기 어려운 사정이 있는 한둘 빼고 나면, 정말 빠질 자리가 없다. 내가 담임직에서 제외됐을 때, 내 들어갈 자리를 메워준 분은 예순 되신 정 선생님이었다. 퇴직 얼마 남지 않았지만, 흔쾌히 어려움을 안아주셨다. 내가 놀고먹는 동안 '할아버지' 선생님은 교실에서 살았다.

지금 나는 1학년 담임이다. 각오는 했지만, 힘들다. 머리도 손끝도 모두 무뎌져서 일 처리가 자꾸 늦어진다. 두 달이 지났건만, 당최 여유를 찾을 수 없다. 차 한 잔 온전히 마실 시간도 없는 날이 많다. 아이들 다루기도 더 어렵다. 연일 쏟아져 들어오는 문서를 처리하면서 내가 애들 가르치는 교사가 맞는지, 회의가 일기도 한다.

좋아진 것도 있다. 내 아이들이 생긴 데서 오는 소속감이다. 내 등에 기댄 서른다섯 명 아이들을 통해 교사로서의 존재 이유를 찾는다. 몸이 고달픈 만큼 마음속 근심이 줄었다. 바빠서 근심을 '제작'할 시간을 빼앗긴 덕분이다. 몸 편하던 비담임 시절, 마음마저 편했던 것은 아니다.

이건 문제다. 미운 녀석이 몇 있다. 입학 첫날부터 무지하게 속을 썩이는 녀석들이다. 그 두어 아이가 나머지 삼십여 아이들보다 더 벅차다. 내가 한 발 더 가까이 가야 하는데, 그게 잘 안 된다. 예전의 나는 그러지 않았던 것 같다. 사고뭉치는 또 그대로 사랑하려고 했던 것 같다. '어른들도 잘못하며 사는데, 철없는 아이들이야 얼마든지 그럴 수 있지.' 하면서 끝까지 품으려 했다. 미워하지 않았다. 그러나 지금의 나는 변해버렸다.

처곤여형處困如亨, 시추여연視醜如姸

요즘 내가 붙들고 있는 경구다. '곤경에 처해서도 형통한 듯이 하고, 추한 것 보기를 어여쁜 듯이 하라.'라는 뜻인데, 정민 선생이 쓴 『성대중 처세어록』에 나오는 말이다. 처곤여형, 시추여연! 추한 것도 어여삐 보라 하는데, 말 안 듣는 녀석들 어여삐 보지 못하랴. "너 그렇게 살면 안 돼." 이 말 앞에서 교사로서 만큼은 당당해지고 싶다.

다시 교무실이다. 잠시 고개 들어보니, 올해 부임한 스물 몇 살의 김 선생이 군기 바짝 든 표정으로 교감 선생님 앞에 서 있다. 모습이 귀엽다. 저 친구, 내가 처음 그랬듯, 훌륭한 교사의 길을 걷겠다는 열망으로 가득할 게다. 그 열정 오래도록 식지 않기를.

언제 기회가 되면 말해주고 싶다. 여보게, 내 가슴 속에도 아직은 뜨거움이 살아있다네. 색 빠진 사진처럼, 낡은 손거울처럼. 교사로서 외로울 때, 힘들 때, 때려치우고 싶다는 생각이 병으로 도질 때, 그럴 때 초심이라는 낡은 손거울을 꺼내 나를 비추어 본다네. 자네만큼은 안 되겠지만, 나도 열심히 선생살이 해보고 싶네. 많이 도와주게.

국회의원 자료 요구에 수업도 못해서야

교사들이 각종 잡무에 시달린다는 얘기는 뉴스도 아니다. 이런 잡무가 줄기는커녕 점점 늘어나는 현실이다. 공문 처리 때문에 수업을 못하게 되는 황당한 일까지 생긴다. 여기에는 국회의원의 자료 제출 요구도 한 몫하고 있다.

주로 국정감사 임박해 이런 제목의 공문을 받게 된다. '(긴급)○○의원 요구 자료 제출.' 꼭 앞에 '긴급'이란 말이 붙는다. 일반 공문은 제출 마감일이 대개 일주일 이후로 잡힌다.

그러나 국회의원 요구 자료는 오늘 보내놓고 내일까지 보고해달라 한다. 오전에 공문을 보내놓고 당일 오후까지 제출해야 할 때도 있다. 수업 때문에 못 보내면 교육청에서 계속 독촉 전화가 온다.

또한, 국회의원이 요구하는 내용은 대부분 많은 시간을 들여야 작성할 수 있는 것이다. 3년 심지어 5년간의 각종 통계를 요구한다. 해마다 담당 교사가 바뀌는 현실에서 5년간 통계를 몇 시간 내에 뽑아 보내는 것은 물리적으로 불가능하다. 오늘은 '도의원 요구 자료 제출'이라는 공문도 왔다. 2006~2010년 5년간 전문계와 인문계 간의 전입·전출 현황을 요구했다. 그나마 이 정도면 쉬운 일에 속한다.

정확한 통계를 내기 어려운 경우도 있다. 학생들의 졸업 후 현황 자료의 경우 3년간 대학 진학자 수는 정확히 작성하겠지만, 입대자·취업자 수는 대충 적을 수밖에 없다. EBS 수능방송을 듣는 학생이 몇 명인지 조사해 통계를 내려면 최소 이틀은 걸릴 텐데 공문을 받은 당일 보고하라면 정확한 수치가 나오겠는가?

어쩔 수 없이 어림짐작으로 마감할 수밖에 없다. 결국, 국회의원은 부정확한 통계 자료를 가지고 국감에 임하게 된다. 만약 엉터리 통계를 바탕으로 어떤 교육정책이 만들어진다면 난감한 일이 아닐 수 없다.

즉흥적으로, 일회성 질문용으로 쓰고 버릴 자료 요구는 자제했으면 좋겠다. 제도 개선이나 정책 입안을 위해 꼭 필요한 자료라면 충분히 사전 기획한 후 시간적 여유를 두고 요구하길 바란다. 이왕이면 공문에 어떤 목적으로 어떤 일에 쓰일 자료인지 밝혀주면 더 좋겠다. 그러면 교사들은 더욱 꼼꼼하고 정성스럽게 통계를 작성하게 될 것이다.

궁시렁 궁시렁, 교육부 흉보기

교육부 홈페이지에 들어갔습니다. 장관님께서 교육을 이렇게 정의하셨더군요. '교육은 한 나라의 근본을 다지는 동시에 미래를 여는 힘'이라고. 어려운 단어 하나 없이 핵심을 콕 찌른 설명입니다.

그런데 나라의 근본을 다지고 미래를 열기 위해 추진하는 교육부와 교육청의 정책 가운데 교육 혼란만 부추기는 것들이 적지 않습니다. 깊이 고민하고 연구하고 공을 들여서 이루어낸 정책들일 테지만, 현장 교사의 눈으로 볼 때, 이건 아니다, 싶은 것들이 꽤 있습니다. 교육 정책 결정 과정을 잘 알 수 없지만, 교사들의 의견이 더 폭넓게 그리고 내실 있게 반영되는 시스템이 마련됐으면 좋겠습니다. 현장 경험이 없는(또는 거의 없는) 고위 관료들만의 의견으로 정해지는 정책은 현실과의 괴리로 부작용을 불러올 수밖에 없습니다.

따지고 보면 교육부도 피해자일 수 있습니다. 정권이 바뀔 때마다 다시 '근본'을 다져야 하는 악습이 혼란을 더 키우는 요인입니다. 새 대통령의 뜻에 따라 흔들릴 수밖에 없는 교육부의 위상, 이것도 문제이긴 합니다. 새것을 생산해 내는 것만이 업적은 아닙니다. 나무를 심는 것도 중요합니다만, 이미 자라고 있는 나무를 잘 가꾸는 것도 소중합니다.

시간선택제 교사라니요? 기간제 교사 문제도 장난이 아닌데, 하루 4시간 정도만 근무하는 정식교원을 뽑겠다니요? 요즘은 하루 8시간 주 2~3일 근무가 될 거라는 얘기도 나오는데요. 아무튼, 저는 바람직하지 않다고 생각합니다. 교사가 되려는 젊은이들을 더 곤혹스럽게 할 뿐입니다. 만약 시행된다면, 아이들에게도 교사들에게도 시간제 교사는 그저 손님이 될 것 같습니다. 서로가 서로에게 어색한 존재가 되고, 그래서 교육의 질은 더 떨어질 겁니다. 시간선택제 교사 제도는 의도가 비교육적이고 또 정치적입니다. 일자리를 늘리기 위한 편법일 뿐, 아무리 들여다봐도 교육을 위한 진정한 고민이 찾아지지 않습니다. 교육 현장에 뿌리내리기 어려운 제도입니다. 하지 말아야 합니다. 교사는 수업만 하는 강사가 아닙니다.

집중이수제! 1학기, 2학기 각 2시간씩 배우던 어떤 과목을 한 학기에 4시간 집중적으로 배워서 끝내는 식의 집중이수제. 난감합니다. '학생 학습 부담 완화와 교과수업 효율성 제고'를 위해 추진된 정책이지만, 학생의 학습 부담은 더욱 증가했고, 교과수업의 효율성은 더욱 떨어졌습니다. 다양한 문제점 가운데 두 가지만 말해볼게요.

제가 느끼는 가장 심각한 문제는 학력의 '부익부 빈익빈'을 초래한다는 점입니다. 집중이수제는 공부가 떨어지는 중하위권 학생들에게 특히 불리합니다. 숨 가쁘게 진행되는 진도 따라가기도 벅차지만, 시험 볼 때의 고통은 이루 말할 수 없지요. 시험 범위가 너무 넓기 때문입니다. 집중이수제 전에는 1학기 중간고사, 기말고사, 2학기 중간고사, 기말고사, 이렇게 한 학년에 네 번의 시험을 치렀지요. 교과서 한 권을 넷으로 나누면 매 시험 범위는 대략 25%가 됩니다.

그런데 집중이수제가 되면서 한 학기 두 번 시험으로 끝나게 되니 시험 범위가 교과서 50%나 되는 겁니다. 공부 잘하는 아이들은 나름대로 대처할 수 있지만, 그렇지 않은 아이들은 한숨만 쉴 뿐이지요. 한국사를 예로 들어볼까요. 반만년 역사를 한 학기에 뚝딱 해치워야 합니다. 3월에 수업 시작해서 두 달 만에 조선 후기까지 다 끝내야 해요. 5월 중간고사 범위가 구석기 시대부터 삼국, 고려 거쳐 조선까지. 야, 이거 정말 장난 아닙니다. 공부 떨어지는 아이의 부모 가슴은 찢어집니다.

두 번째 문제점. 집중이수제 과목 담당교사는 한 학기만 수업하기에 반쪽 담임이 됩니다. 수업 없는 학기에는 학급 아이들 수업 분위기가 어떤지 파악하기 어렵죠. 어느 아이가 수업에 집중하는지, 잠을 자는지 알 수 없으니 지도가 힘듭니다. 무엇보다 아이들과의 소통에 문제가 발생할 가능성이 큽니다. 열심히 하는 담임선생님은 집중이수제의 한계를 어느 정도 극복할 수 있지만, 그렇지 못한 선생님 학급 아이들은 '버려진 자식'이 되기 쉽습니다.

복수담임제. 학교 폭력 문제로 여론이 뜨겁자, 어느 날 갑자기 튀어나온 한 학급, 두 담임 체제. 도대체 어떻게 이런 발상이 가능한 건지 궁금합니다. A 담임은 생활지도 책임지고, B 담임은 공부 책임지고, 이게 현실적으로 말이 되는 건지 모르겠습니다. 아이들은 로봇이 아니잖아요. 심장 쿵쿵 뛰는 생명입니다. 교사들이 그렇게 반대했는데도 억지로 밀어붙여 교사와 아이들을 괴롭히더니, 어느새 슬그머니 사라져갑니다. 저는 복수담임제를 탁상공론의 진수라고 봅니다.

무상급식제. 예민한 문제죠. 확대되는 과정이고 찬반이 여전히 존재합니다. 저는 무료 급식에 일단은 반대 입장입니다. 이유는 이렇습니다. 기초생활수급자 등, 가정 형편이 어려운 아이들은 이미 급식비를 면제 받고 있었습니다. 기초생활수급자나 차상위계층이 아니더라도 집안이 정말 어려운 아이는 담임 추천 등의 방법으로 무료 급식을 할 수 있었습니다. 담임교사는 무료 급식대상자를 비밀에 부쳐서 다른 학생들이 모르게 했습니다. 일각에서 제기한 인권 문제는 문제가 되지 않습니다.

저는 또 상대적으로 넉넉하게 생활하는 가정의 아이들에게까지 급식을 무료로 제공하는 것이 바람직한가 하는 생각을 했습니다. 물론 모든 아이에게 따뜻한 밥 그냥 먹이면 좋습니다. 하지만 세상에 공짜는 없는 법. 이쪽 돈 갖다가 저쪽에 쓰면 이쪽은 구멍이 납니다. 치밀한 준비 없이 시행되었기에 구멍이 너무 큽니다. 그 구멍은 무엇으로 메꿔야 하나요? 제대로 메꿀 형편이 안 되다보니 심각한 문제들이 드러나고 있습니다.

무료 급식 시행 이후 학교의 교육 여건(소프트웨어, 하드웨어 모두)이 상당히 열악해졌습니다. 교육 시설이 낡아도 지원이 안 돼 보수공사를 하지 못하며, 아이들 공부하는 오래된 컴퓨터도 새것으로 바꿔주지 못합니다. 교사의 연구 활동을 장려하는 여러 가지 교육 프로그램도 축소 또는 폐지됩니다. 교육청에서 학교에 지원하던 이런저런 경비를 줄인 바람에 학교 살림에도 비상이 걸렸습니다. 급기야 학교 교사 정원까지 줄인다는 소리도 들립니다.

저는 교사이기 전에 대한민국의 학부모로서 아이 급식비 기꺼이 낼 수 있습니다. 대신, 우리 아이 여름 교실에서 더위에 지치지 않게 에어컨 틀어주고, 겨울에 난방 제대로 해서 따뜻하게 공부하게 됐으면 좋겠습니다. 난방 안 된 겨울 교실에서 무릎에 조각 담요 두른 채 파랗게 얼어 있는 여학생들을 보면 미안해서 어쩌지 못하겠습니다. 절전도 교육이라고 외치기 전에 아이들 공부할 수 있는 최소한의 여건을 제공해야 하는 것이 어른들의 도리 아닐까요?

당장 대책도 없이 그저 표 얻을 요량으로 공짜 급식, 공짜 보육 만들어내는 여·야 정치인들의 무책임함, 정말 아쉽습니다. 표가 아니라 나라의 미래를 위해 앞을 내다보고 준비하는 진정한 대책이 필요합니다. 중·고등학교는 물론 대학 교육까지 거의 무상으로 시켜주는 외국의 교육 재정 정책을 분석하고 배우면서 우리도 그렇게 할 수 있는 길을 열어가야 합니다. 시간이 걸리더라도 말입니다. 반값등록금? 나라의 역량을 모으면 충분히 가능할 겁니다. 재정이 어렵다고요? 쓸데없는 지출만 안 해도, 새는

돈만 잡아도 여유가 생길 겁니다. 국민으로서 세금 더 낼 용의도 있습니다. 단, 많이 버는 사람 많이, 적게 버는 사람 적게. 이런 당연한 원칙은 지켜져야죠.

다시 교육부 홈페이지입니다. '학생은 배우는 즐거움을, 교사는 가르치는 보람을, 학부모는 아이 키우는 행복을 느끼는 교육을 위해 최선을 다할 것을 약속드립니다.' 장관님께서 대한민국의 학생에게, 교사에게, 학부모에게 이렇게 말씀하셨습니다. 이런 세상이 어서 오기를 기도합니다.

이제는 학생부 종합 전형이다

올해 학교생활기록부 업무를 맡았습니다. 나 혼자 하는 일을 주로 맡아 살다가 학교 내 모든 교사를 대상으로 하는 업무를 맡고 보니 새로 보이는 게 많았습니다. 선생님들의 책임감, 성실성, 아이들에 대한 사랑의 깊이 같은 것들이 작업 과정에서 드러났습니다. 아이들에게 배려, 배려, 배려, 강조하면서도 정작 우리 교사의 배려 수준은 어느 정도 인가, 생각해 보게도 됐습니다. 말로 하는 배려보다 행동으로 옮기는 배려, 눈에 보이는 배려보다 보이지 않는 배려의 소중함을 다시 인식했습니다.

이 업무를 맡다 보니 본의 아니게 선생님들에게 잔소리를 자주 하게 됩니다. 주로 메시지를 활용하는데, 다음 글도 지난 8월에 우리 학교 모든 선생님에게 보냈던 메시지입니다.

선생님, 바쁘시지만, 오늘 이 메시지는 꼭 읽어주세요. 직원회의 때 말씀드릴까 했는데 시간도 걸리고, 직원회의에서 말해 본 적이 없어 떨려서 그냥 글로 대신합니다. 생활기록부 관련 두 가지 잔소리입니다.^^

하나. 지금 대입 수시전형에서 주목되는 것은 학생부종합전형입니다. 학생부의 비교과 내용에 무게 중심을 둔 제도입니다. 이제 아이들 대학을 어떻게 보내느냐는 학생부에 얼마나 영양가 있는 기록이 담기느냐에 달렸다고 생각합니다. 제가 꼭 하고 싶은 이야기는, 약간 뻥을 치면, "대학은 3학년 담임이 보내는 게 아니다. 1, 2학년 담임이 보내는 것이다!"입니다. 3학년 담임은 생활기록부에 기재할 내용이 별로 없습니다(질적으로). 3학년 담임은 가장 중요한 '행동 특성 및 종합의견'을 쓸 수도 없습니다. 결국, 대학에서 아이를 평가하는 주요 요소는 1, 2학년 때의 활동 기록이라는 얘기입니다.

따라서 현 1, 2학년 담임선생님, 앞으로 하실 선생님, 특히 가르치시는 과목이 1학년 또는 2학년에만 있어서 3학년 담임하게 될 가능성이 거의 없는 선생님들의 의식 변화가 절실합니다(물론 이미 알아서 잘하고 계신 선생님은 제외^^). 사실 저도 1학년 담임할 때 아이들 성적에나 조금 신경 썼지, 어떻게 키워서 어떤 대학에 보내나 하는 생각은 안 했습니다. 생활기록부 작성도 그냥 적당히 했습니다. 무사히 올려보내기만 하면, 3학년 담임들이 알아서 할 거라고 여겼습니다. 그런데 이제 그러면 안 되는 겁니다.

3학년 담임을 맡게 될 일이 없더라도 입시 전반에 대한 대략적인 흐름과 성격 그리고 변화 과정 등을 파악하고 있어야 합니다. 그래야만 아이들이 진로를 명확히 설정하게 지도하고 될 수 있는 대로 거기에 맞는 봉사활동, 동아리활동, 독서활동 등을 하도록 이끌고 그 과정과 결실을 생활기록부에 담아줘야 입시에서 성과를 낼 수 있는 것입니다. 단순히 '언제 뭐했고 언제 뭐했고'만 나열하는 것은 영양가 없는 작업입니다.

입시제도에 관해 관심 별로 두지 않았던 1, 2학년 담임선생님! 진학 관련해서 아이나 학부모와 상담할 때, 무슨 말을 해야 하나, 어려움을 겪어본 적이 있지요? 입시제도에 대해 조금만 공부해보면 상담의 어려움도 날려버릴 수 있습니다. 비담임 선생님도 마찬가지입니다. 동아리활동 기록, 과목별 세부능력 및 특기사항, 독서활동 기록 등 비담임 교사가 입력하는 분야의 중요성이 점점 커지는 만큼 이 부분에 대한 서술의 질적 향상을 좀 더 고민할 필요가 있습니다. '내가 쓰는 몇 줄이 아이의 미래를 바꿀 수도 있다.'는, 뭐랄까 사명감 같은 것을 갖고 긍정의 눈으로 아이들을 관찰해야 합니다.

둘. 생활기록부 작성에 오류가 없도록 정말 신중하게 기재합시다. 오류가 일절 없을 수 없습니다. 그러나 단순 오 · 탈자부터 꽤 심각한 오류가 뜻밖에 적지 않습니다. 지금 3학년 담임들은 수시 응시 대학 선정을 위한 학생 상담, 자기소개서 지도, 추천서 작성, 생활기록부 입력 등으로 정신없이 바쁩니다. 그런데 지금도 그 복잡한 1, 2학년 학생부 오류 정정 작업을 진행하고 있습니다. 힘겨운 세상입니다. 서로서로 돕는다는 생각으로 이겨냅시다. 긴 글 읽어주셔서 고맙습니다.

이 메시지 보내놓고 내가 관리자도 아닌데, 주제넘은 짓을 하지 않았나 하는 생각이 들었습니다. 듣기 좋은 얘기도 아니고….
그런데 몇몇 선생님이 공감한다고, 앞으로 잘해보겠다고, 미안하다고, 답장을 보내주었습니다. 아, 고마운 사람들.

김 선생님, 올해는 반장 잘 뽑았나요?

1월 1일도 새해 같지 않았고 설날도 새해 같지 않았지요. 우리 교사에게는 3월 2일이 새해이고 설날이니까요. 새 아이들, 새 교실, 새로운 부서 배정, 그래 이제 다시 시작이야, 새로운 각오…. 그리고 한 달이 훌쩍 지나갔습니다. 이제 새로운 환경에 익어가고 아이들 이름과 얼굴이 연결되는 시점이기도 합니다.

반장은 잘 뽑으셨는지요. 교사가 좋은 교장 선생님을 만나는 것이 행운이듯, 반장을 잘 만나는 것도 커다란 행운이라고 생각합니다. 유난히 반장 복이 없다던 김 선생의 푸념이 생각나서 펜을 들었는데, 올해는 부디 당신과 궁합이 잘 맞는 반장을 만났기를 바랍니다. 나는 비교적 반장 복이 있는 셈입니다. 지난해 반장에게는 정말 큰 도움을 받았지요. 녀석은 내 마음마저 읽어가며 학급 아이들과 나를 연결해주었답니다.

그런데 어떤 반장을 만나는가보다 더 중요한 것은 어떻게 뽑는가에 있다고 생각해요. 학급 아이들이 아무리 어리고 철없다고 하더라도 그들의 의견과 결정을 존중하고 행여 마음의 상처를 안게 되는 아이가 없는지 돌아보아야 한답니다.

요즘은 반장 출마하는 아이들이 많지요. 대학입시에 입학사정관제(지금은 대개 '학생부종합전형'으로 부름)가 생기면서 적극성을 띠는 아이들이 늘어난 것 같습니다. 그만큼 학부모의 관심도 높아지고 말입니다. 이럴 때, 담임은 매우 조심스럽고 공정하게 반장 선출 작업을 해야 합니다. 사심 없이 임했다 하더라도 불편한 잡음이 발생할 수 있으니까요.

'저 아이가 반장이 되면 좋겠다.' 학급 아이들을 돌아보며 이런 맘이 들 때가 있습니다. 그래도 그 마음은 본인의 속마음으로 끝나야 합니다. 아이들 눈치채지 못하게 교사가 원하는 아이를 반장 되게 하려는 어떤 행위도 해서는 안 됩니다. 아이들 어리다고 해도, 알 것은 다 압니다. '장난질'은 곤란해요.

주변에서 들어보면 어이없는 상황이 벌어지기도 하더군요. 반장을 하겠다고 나서는 아이가 여럿인데 담임교사가 특정 아이를 반장으로 추천한 경우가 있습니다. 안 되는 일지요. 강화의 어느 중학교에서는 반장 투표가 모두 끝났는데, 출마자들의 정견 발표를 듣지 않았다며 담임이 무효를 선언한 예도 있다고 합니다. 두 아이가 똑같은 표를 얻자, 담임교사가 너는 1학기 반장, 너는 2학기 반장해라, 이렇게 친절하게 매듭진 사례도 있답니다. 왜 이러는 걸까요.

선거에 교사의 의견이 가장 자연스럽게(?) 개입되는 부분이 최다득표 인정인가, 과반수 득표 인정인가, 하는 부분입니다. 원칙적으로 과반수 득표를 해야 하지요. 만약 과반수가 되지 않으면 다시 투표해야 하고요. 과반수가 되지 않아도 최다 득표자를 반장으로 인정하려면, 사전에 학급 아이들에게 명확한 기준을 알려줘야 마땅합니다.

그렇게 하지 않고, 자신이 원하는 아이를 반장 시키기 위해 과반수 여부를 이용한다면 교사답지 못한 처신입니다. 고등학교보다는 중학교, 중학교보다는 초등학교 반장 선출에 담임교사의 영향력이 더 크게 작용할 것 같습니다. 새삼 우리의 공정성이 요구됩니다.

저도 학교 다닐 때 반장을 해봤습니다. 중학교 2학년 때 어떤 선생님은 지금도 미운 생각이 듭니다. 그분 수업시간에는 매를 자주 맞았습니다. 애들 떠든다고 반장이 뭐하는 거냐며 때렸습니다. 그때는 수업시간에 애들 떠드는 것이 반장의 책임이고, 그래서 맞는 것이 당연하다고 여겼습니다.

교사가 되고 보니 그게 아니잖아요. 수업 시간에 아이들이 떠드는 것은 당연히 교사의 책임입니다. 그 책임을 반장에게 뒤집어씌운 것은 잘못입니다. 지금도 수업시간이나 자율학습 시간에 애들이 떠들면 "조용히 해." 외치며 스스로 힘들어하는 반장을 보게 됩니다.

그러면 저는 말해주지요. "반장아! 애들이 시끄러운 건 네 잘못이 아니야. 선생님 잘못이지. 지금 너는 반장이 아니라 공부하는 학생이란다. 그러니까 공부에만 집중하렴. 스트레스 받지 말고. 알았지?"

김 선생님 오래도록 고등학교에 있다가 중학교로 옮기셔서 적응하기에 어려우실 겁니다. 그래도 반장과 호흡 맞춰 멋진 학급 만드시리라 믿습니다. 한번 뵙고 싶습니다. 시간 내서 오세요.
요즘 강화도 좋습니다. 나들길 한번 같이 걸어봅시다.

친절은 경쟁력이다

어느 개그 프로그램에 나왔던 대목을 기억나는 대로 옮겨봅니다.

"동민이 좀 바꿔주세요."

"야 이 자슥아, 전화를 걸었으면, 인사부터 하고 누구라고 밝히고 바꿔 달라 해야지. 어디서 배워먹은 버르장머리고?"

"저…, 동민이 담임입니다."

"…"

동민이 담임선생님이나 아빠나, 참 민망한 일입니다. '개그는 개그일 뿐'이 아니라, 일상에서 얼마든지 있을 법한 이야기입니다.

교무실에서 전화를 받을 때, 무뚝뚝한 목소리로 "여보세요?" 했었지요. 그도 귀찮으면 굵고 짧게 "예" 했었습니다. 그런데 지금은 "감사합니다. 양곡고등학교. 이경수입니다." 이렇게 제법 친절해졌습니다. 교장 선생님이 손수 '친절은 경쟁력이다.'라고 쓴 액자를 교무실에 걸고는 맨날 전화 예절을 강조했습니다.

바빠 죽겠는데, 별걸 다 시킨다고, 학교가 무슨 회사냐고 속으로만 툴툴댔습니다. 툴툴대면서도 연습을 시작했습니다. 전화 예절이 필요하다는 데 공감했기 때문입니다. 어딘가에 전화했는데, 상대방이 "예" 하고 말아서 말문이 막혔던 경험을 여러 번 했었기 때문입니다.

처음에는 '감'자도 나오지 않더군요. 다른 선생님이 "감사합니다." 하면서 전화를 받으면 킥킥거리기도 했습니다. 그런데 이젠 아주 자연스럽습니다. 저를 위해서도 바람직한 변화라고 생각합니다.

회식 자리였습니다. 어느 선생님이 그러더군요. "애 담임한테 전화했는데, 정말 멋대가리 없이 받데. 전화 끊고 기분 나빴는데, 곰곰 생각하니 나도 학부모 전화를 그렇게 받아왔던 거야. 반성했지. 전화 예쁘게 받으려고 노력 중이야."

외할머니께서는, 제가 처음 교사가 되었을 때 온 동네에 자랑하고 다니셨습니다. "우리 손자가 선상님 되셨네." 외할머니에게는 선생이 나라님이었습니다. 외가댁에 갔다가 뵌 동네 어르신마다 '장하다'며 제 어깨를 토닥여 주었습니다. 그리고 어느덧 강산이 두 번 바뀌었습니다.

지금은 교사의 권위를 말할 시대가 아닙니다. 선생이라는 두 글자에 선명하게 담겨 있던 존경의 의미도 속절없이 퇴색하고, 이제 희미한 그림자가 되어 갑니다. 개중에는 지나치다 싶을 만큼 학교를, 교사를 우습게 여기는 학부모도 있습니다. 씁쓸합니다.

그러나 아직도 대다수 학부모는 교사를 믿고 의지하며 또 어

럽게 여깁니다. 가까운 선배가 그러더군요. "애 담임을 만났는데, 아들 뻘이더라구. 초임이라고 그랬던 것 같아. 근데 말이야, 애 담임 앞에 서니까 떨리는 거 있지. 가슴도 둥둥거리고, 말까지 더듬게 되더라니까. 참 내."

그렇습니다. 보통 학부모에게 아이 담임은 식은땀 나는 대상입니다. 담임에게 전화 한번 하려고 몇 번을 망설이다 용기를 냅니다. 학교에 찾아오기까지는 더 많은 망설임과 용기가 필요합니다. 학부모의 전화를 정성스럽게 받고 그들의 방문을 따뜻하게 맞읍시다. 특히 아이가 뭔가 잘못해서 학교를 찾아야 하는 학부모에게는 더욱 정성을 담아 만나도록 합시다. 그것이 '가르치는 사람'의 도리입니다.

언젠가 집사람이 아이 담임선생님을 뵈러 학교에 갔습니다. 전날 담임에게 전화해서 약속 시간을 잡고 간 겁니다. 시간 맞춰 갔는데 담임선생님은 부재중이었습니다. 한참을 기다렸다가 담임을 만났습니다. 담임은 의자에 앉아 공문철을 뒤적이고 집사람은 그냥 선 채로 대화가 시작됐습니다. 두 손을 모으고 벌 받는 아이처럼 말이죠. 아이 담임선생님이 의자조차 권하지 않았으니 별도리가 없었지요.

아이가 학교생활은 제대로 하는지, 성적은 어떻게 나왔는지 궁금했지만, 담임선생님은 어떤 궁금증도 풀어주지 않았습니다. 학부모를 만날 최소한의 준비도 하지 않았던 겁니다. 10분도 되지 않는, 알맹이 없는 상담을 마치고 나온 집사람은 허탈했다고 하더군요. 다시는 학교에 가고 싶지 않다고 했습니다. 얘기를 듣고 화나더군요. 쫓아가서 담임한테 뭐라 한마디 하고 싶었습니다만, 가지 않았습니다. 같은 교사끼리 참 거시기 했습니다.

내가 교사 맞나? 싶을 만큼 처리해야 할 행정업무가 너무 많습니다. 학급 아이들 돌보는 것도 무지하게 힘듭니다. 수업도 장난 아니죠. 그래도, 아무리 지치고 고단해도 환한 미소로 학부모를 맞읍시다. 앉을 자리부터 권하고 눈높이를 맞춰서 듣고 말합시다. 선생님! 당신도 학부모였습니다. 당신도 학부모입니다. 당신도 곧 학부모가 될 것입니다.

슬쩍, 군자연

좋은 사람은 만나지 못해서 괴롭고, 미운 사람은 자꾸 보게 돼서 괴롭다는 말이 있습니다. 직장 생활하면서 동료들과 죽이 잘 맞으면 참 기쁩니다. 함께 어울려 도움 주고 도움 받고, 어려운 일 의논하고, 퇴근 후 술 한 잔 기울이며 가슴 답답함 날려 버리고. 그런데 보기 싫은 사람이 같은 직장 안에 있으면 괴롭습니다.

한번 미운 사람은 계속 미워 보입니다. 인간성이 나쁘다거나, 지나치게 무책임하다거나, 지나치게 불성실하다거나, 교사답지 못하다거나, 등등. 내 마음대로 평가해놓고 마구마구 미워합니다. 말하는 모습까지 얄밉다고 생각해버립니다. 상대방은 대개, 내가 자기를 미워하는 걸 모릅니다. 나 홀로 미워할 뿐입니다. 나 홀로 화를 냅니다.

그런데 곰곰이 생각해보면 이보다 더 바보 같은 짓이 없습니다. 누군가를 미워하면 할수록 그 손해는 나에게 옵니다. 나만 불쾌해지고, 스트레스 받고, 건강 나빠지고, 성격 나빠집니다. 상대방은 오늘도 즐겁게 잘 사는 데 왜 나 홀로 힘들어해야 합니까?

사람은 누구에게나 장단점이 있습니다. 교사도 교사로서의 장점과 단점이 있습니다. 당신이 미워하는 결점투성이의 그분에게도 장점이 있습니다. 찾으면 보이게 됩니다. 한 번쯤 그분의 입장에 서서 생각해보면 단점조차 이해될 때가 있습니다. 힘들겠지만 그런 노력이 필요합니다. 그래서 마음이 평상심을 유지하게 되면 직장생활도 한결 수월해집니다. 제가 경험한 일이랍니다.

부처님이 이런 말씀을 하셨대요.

"몸은 마른 나무와 같고 화는 성난 불길과 같다. 그러므로 화가 일어나면 남을 태우기 전에 먼저 자기 자신을 태운다."

담임교사의 의욕이 너무 지나치면, 그건 의욕이 아닙니다. 아이들에게 손해를 끼칠 수도 있습니다. 저는 지금 넘치는 의욕을 걱정하지 않습니다. 오히려 '의욕 저하증'을 어찌 치료해야 할지 고민하고 있습니다. 그렇지만 과거에는 의욕이 넘쳐흐를 때도 있었습니다. 과욕이었습니다.

담임교사는 학급 학생들이 자신을 믿고 잘 따라주기를 희망합니다. 아이들이 자신을 인간적으로 믿고 좋아해 주기를 원합니다. 우리 반 애들은 내가 다 책임진다고, 그래야 한다고 생각하기 쉽습니다. 저도 그랬습니다. 욕심 많던 시절, 우리 반 아이들이 전체 선생님들 가운데 담임인 나를 제일 좋아해 주기를 바랐습니다. 정도가 지나쳐서, 어떤 학생이 나 아닌 다른 선생님과 절친해 보이면, 그게 괜히 섭섭하고 속상하고 그랬습니다.

아이마다 개성이 있고 취향도 다릅니다. 나를 좋아하는 아이가 있으면, 지겨워하는 아이도 있는 법입니다. 나의 학급 운영 방식을 긍정하고 따르는 아이가 있으면, 못마땅하게 여기는 아이도 있습니다. 당연한 사실을 받아들이지 않고 섭섭함을 느끼던 저는 뭘 모르는 교사였습니다.

우리 반 아이를 잘 이해하기 위해선 그 아이가 어떤 선생님을 좋아하는지 알아두는 것도 좋습니다. 아이가 학교생활을 힘들어할 때, 담임은 그 아이가 좋아하는 선생님에게 부탁하면 됩니다. 애 불러서 격려 몇 마디 해달라고. 그럼, 아이는 힘을 얻게 되지요.

보건 선생님이 나도 모르던 우리 반 아이의 건강 문제에 대해서 알려줄 때가 있습니다. '짜아식, 담임한테 말도 안 하고….' 그런 생각은 할 필요도 없습니다. 그냥 보건 선생님께 고마워하면 됩니다. 상담이 좀 어려운 아이가 있으면 전문적으로 상담 공부를 한 상담선생님께 부탁해 보는 것도 좋은 방법입니다. 아니면 그 애가 좋아하는 선생님께 부탁해도 되겠죠.

학급 운영을 담임 홀로 다 하겠다는 생각보다는, 주위 선생님들의 도움을 받겠다는 자세가 필요합니다. 담임이나 아이들 모두에게 더 유익한 방법입니다.

살다 보면 선생님들 간에 트러블이 생기기도 합니다. 아이들 문제, 행정 업무 분담 문제, 시간표, 수업 배정 등등으로 의견 충돌이 일어날 때가 있습니다. 한번 그런 일을 겪고 나면 오랫동안 기분이 좋지 않습니다.

'필요할 때 한 번씩 교무실에서 얼굴 붉히며 큰소리도 쳐야 한다.'

'너무 고분고분하면 얕보여서 궂은일은 다 맡게 된다.'

이런 생각을 하시는 분들이 있습니다. 사실, 저도 오랫동안 그렇게 생각했습니다. 언젠가 교무실에서 소리소리 질러대며 '난리'를 쳐본 적도 있습니다. 맘껏 소리 지르고 나니 속은 좀 시원해지더군요. 그러나 금방 후회가 밀려왔습니다. '꼭 이래야만 했나….'

일을 편하게 처리하려는 교장, 교감 선생님은 불만을 드러내지 않고 곱게 따르는 교사에게 과중한 업무를 부여하는 경향이 있습니다. 목소리 큰 사람에게는, 부딪치는 것이 부담스러워, 가벼운 일을 맡기게 되겠죠. 말없이 제 몫을 다하는 선생님들이 손해를 보는 경향이 있기는 있습니다.

'이건 정말 아닌 것 같다', '이건 너무 불공정하다' 싶은 일이 있을 땐, 혼자 속앓이 하지 말고 문제를 제기해야 합니다. 따질 건 따져야죠. 그래서 바로잡아야 합니다. 그렇지만 지금 흥분해 있는 상태라면 잠시 호흡을 가다듬을 필요가 있습니다. 흥분한 상태로 언성 높이다 보면 서로의 감정만 다치기 쉽습니다.

특히 나보다 연배 높은 선생님에게는 더 조심할 필요가 있습니다. 내가 고등학생 때 그분들은 이미 선생님이셨습니다. 나의 권리 주장 중요하지만, 가릴 건 가리는 지혜가 필요합니다. 열 살 이상 많은 선생님과 서로 삿대질하며 고함치고 있는 걸 학생들이 봤다고 생각해봐요. 부끄러운 일입니다. 냉정하고 침착하게 당신의 주장을 펼치시고, 항의할 거 항의하세요. 싸울 때도 예의가 필요합니다.

목소리 키워서 궂은일 피해 가는 재주? 부러워 마세요. 그거 재주 아닙니다. 알 만한 사람은 다 알아요. 계속 손해만 보고 사는 것 같다고요? 아닐 겁니다. 당신 고생하는 거, 알 만한 사람은 다 압니다. 덕을 쌓으면 복도 쌓입니다. 때로는 손해 보고 사는 삶도 아름답습니다.

전 나오면 마실게요

'이거, 뭐 다 잔소리잖아.' 이 책 읽는 선생님, 살짝 짜증이 날지 모르겠네요. 제 어깨에 힘이 너무 들어간 것 같습니다. 군자연 그만하고 좀 쉬었다 갈게요.

우리 학년 담임들이 학교 근처 칼국수 집에 저녁 먹으러 갔을 때입니다. 바지락 국물 맛이 끝내주는 집이죠. 옆 반 담임이 파전도 맛있다고 합디다. 그래서 파전 시켜놓고 보니 막걸리가 빠질 수 없잖아요. 반주로 한 잔씩 쭉 따라 놓았습니다. 파전도 칼국수도 나오기 전이니, 한 모금 넘기고는 김치로 입가심들을 합니다. "이 선생도 한잔 해!" 학년부장 선생님이 저에게도 술을 권합니다. 저는 무심코 대답했습니다. "전 나오면 마실게요."

순간 나에게 집중되는 묘한 눈빛들, 잠시 침묵, 그리고 함께 터진 웃음. 모처럼 많이 웃었네요. 그네들은 파전 나오면 막걸리 마시겠다는 제 말을 이렇게 들었습니다.

"젖 나오면 마실게요."

유독 담임하기 힘든 해가 있죠

학급 담임을 맡다 보면 유난히 힘겨운 해가 있고 비교적 수월하게 한 학년을 마감하게 될 때도 있습니다. 그래서 우리는 "애들 잘 만나는 것도 복이야." 이런 말을 곧잘 하게 되지요. 제가 가장 힘들었던 때는 십여 년 전, 그때 저는 1학년 담임이었습니다. 힘들다는 표현보다는 하루하루가 고통스러웠다는 표현이 더 적절할 것 같습니다.

학급 내에서 벌어지는 별의별 사건으로 정신없었는데, 가장 골치 아팠던 것은 결석생 문제였습니다. 하루 세 명 정도의 장기 결석자가 거의 일 년 내내 있었습니다. 가출한 상태라 찾기도 어려웠습니다. 기본 결석생 세 명에 한 명이 더 안 오면 넷이 됩니다. 둘이 안 오는 날은 결석생 다섯이 됩니다. 거기에 양념처럼 곁들여지는 지각생까지. 한마디로 미칠 지경이었습니다.

결석생을 줄여보려고 무진장 애를 썼습니다. 갖은 '정보망'을 다 동원해서 가출한 아이의 소재를 파악한 후 시도 때도 없이 '잠복근무'하기를 밥 먹듯 하기도 했습니다. 온종일 그 녀석들 찾을 생각만 했습니다. 그렇다고 크게 좋아지는 것도 없었습니다. 철저하게 무능한 담임이었습니다.

몇몇 속 썩이는 아이들에게만 신경을 집중하다 보니 정작 학교 잘 나와서 모범적으로 생활하고 있는 나머지 아이들에게 소홀했습니다. 어느 순간 그 사실을 깨달았지만, 그때는 이미 학년 말이었습니다. 잘 따라오는 아흔아홉 마리 양을 내버려둔 채 길 잃은 한 마리 양을 찾아 나서는 목동의 행동은 정녕 옳은 것인가, 회의가 일었습니다.

그래도 저에게는 복이 있었습니다. 속 썩이던 몇 녀석을 제외하고는 모두가 착하고 성실했습니다. 자기들에게 소홀한 담임에게 섭섭해하기는커녕 아빠뻘 되는 담임을 걱정해 주었습니다. 자기들이 잘못해서 학급이 엉망이 된 것으로 여기고 나에게 미안해했습니다. 어른스럽고 따뜻한 아이들이었습니다.

화장실 청소는 누구나 다 싫어합니다. 청소당번 네 명 가운데 한 녀석이 안 보입니다. 저는 그 애가 도망갔음을 압니다. 그래서 나머지 세 아이에게 "○○이 도망갔지?" 이렇게 물어봅니다. 그럼 녀석들은 "아뇨, 같이 청소하고 지금 막 갔는데요." 이렇게 답합니다. 담임이 그런 일에까지 신경 쓰게 하지 않으려는 배려였습니다.

늘 옆에서 초롱초롱한 눈빛으로 못난 담임을 염려해주던 녀석이 있었습니다. 그 녀석이 언젠가 쪽지를 내밀더군요. 지금도 간직하고 있는 그 쪽지에 이런 말이 쓰여 있습니다.

요즘, 선생님 넘 힘드시죠?

저 다 알아요.

고개도 들고 다니시지 않고

땅만 쳐다보고 가시는 거 많이 봤어요.

힘내세요, 선생님.

그리고 웃으면서 다니세요. 선생님 얼굴 너무 어두워요.

예전 선생님의 모습으로 돌아오길 바랄게요.

예전 선생님의 모습이 그립네요. 선생님 사랑해요.

이 아이들에게 저는 빚을 지고 삽니다. 갚지 못할 빚을 안고, 미안함과 고마움도 함께 안고, 그렇게 삽니다.

다시 생각해봐도 십여 년 전 그 해는 저에게 힘든 일 년이었습니다. 그러나 그만큼 배움도 컸습니다. 가장 소중한 배움은 저 자신의 능력을 객관적으로 보게 되었다는 겁니다. 마음속에 숨어 있던 거만함과 건방짐을 그때야 뽑아버릴 수 있었습니다.

저는 사실, 겉으로만 겸손한 교사였습니다. 속으로는 학급경영에 대한 건방진 자신감을 품고 있었습니다. 그러나 아니었습니다. 학급은 시작부터 삐걱거렸고 마지막까지 안정되지 않았습니다. 그나마 마무리가 된 것은 순전히 아이들 덕분이었습니다.

학생상담에도 자신이 있었습니다. 어떤 상황에서도 아이들과의 대화가 가능하며, 설득도 가능하다고 믿었습니다. 아이들의 고민을 진지하게 들어주는 것이 제일 중요하다고 여기고 있었습니다. 그런데 사고 친 녀석과 마주 앉으면 할 말이 없는 겁니다. 잠시 침묵하며 '이럴 땐 무슨 말을 해야 하지?' 자신에게 물어봐도 답이 나오질 않습니다. 입 꾹 다물고 있는 녀석의 입을 열지도 못했습니다. 들을 준비만 되어 있었지 들을 능력이 없던 겁니다.

아이가 입을 다문 것은 마음의 문을 닫았다는 것이고, 마음의 문을 닫았다는 것은 담임을 신뢰하지 않는다는 의사표현이기도 합니다. 저 자신이 진정한 사랑으로 다가가지 못했기에 아이는 가슴에 자물쇠를 채웠던 것입니다. 저는 요즘 상담공부의 필요성을 느낍니다. 그러나 그보다 더 중요한 것은 아이들에 대한 사랑이라고 생각합니다.

종업식 날의 일기

2003년 2월 14일

종업식 날이다. 몹시 분주하다. 1년간 키워온 내 새끼들을 보내야 할 시간이다. 마지막 종례를 위해 교실로 향한다. 어젯밤, 마지막 종례시간에 해줄 말을 생각해뒀다. 가능하면 아이들 가슴에 오래 남을 멋진 종례를 해줘야지.

교실 문을 여는 순간, 펑펑, 펑펑펑! 사방에서 폭죽이 터진다. 예기치 못한 상황이다. 교탁 위 촛불 밝힌 케이크가 눈에 들어온다. 케이크 옆으로 '1학년 2반 아들딸 올림'이란 표지의 편지 묶음이 놓여 있다. 칠판과 뒷벽 게시판에는 색색 풍선들이 풍성하게 달려 있다.

교단에 섰다. 아이들이 노래하기 시작했다. "스승의 은혜는 하늘 같아서 우러러볼수록…." 1년에 한 번 스승의 날에 듣는 노래를 처음으로 종업식 날 듣고 있다. 괜히 뭉클하다. 반장이 슬며시 나오더니 꽃다발을 내민다. 귀여운 놈들. 이제 종례! 내가 말할 시간이다. 그러나 아무 말도 못했다. 그냥 한 녀석 한 녀석 악수한 것으로 종례를 대신했다.

이 녀석들은 저에게 소중한 추억을 만들어 주었습니다. 1년간 무결석이었습니다. 한 녀석도 결석하지 않았습니다. 별것 아니라고 할 수도 있지만, 저에게는 엄청난 일이었습니다. 그동안 장기결석자 문제로 애간장을 태운 적이 많았기에, 엄청난 일이었다고 말하고 싶습니다. 사실 무결석은 꿈도 꾸지 않았습니다.

이 녀석들의 담임을 맡고 3월이 거의 다 가도록 결석이 없었습니다. 지각, 조퇴도 없었습니다. 가슴이 뛰기 시작했습니다. '어쩌면 될지도 모른다!' 그러나 아이들에게 무결석반을 만들어 보자는 말은 하지 않았습니다. 말이 씨가 된다고, 그 말 하고 바로 결석생이 생길 것 같은 불안감 때문이었습니다.

5월 어느 날, 마침내 용기를 내서 아이들에게 말했습니다. 내 소원은 무결석 한번 해보는 거다. 모두 노력해보자. 그러나 많이 아프거나, 무슨 사고를 겪게 되면 못 나오는 거다. 강제로 밀고 갈 생각은 없다. 그렇지만 모두가 책임감을 가져주면 좋겠다. 너희 의지만으로 되는 일이 아니다. 하늘이 도와야 한다. 뭐, 대충 이런 말을 했던 것 같습니다.

고비도 많았습니다. 2학기 끝 무렵에 가장 큰 고비가 왔습니다. 한 녀석이 사고를 당해 병원에 입원하게 된 겁니다. 여기서 끝나는구나 싶었습니다. 학급 종례 때, 아이들이 "선생님 우리 반 무결석 끝이에요?" 이렇게 묻더군요. 그래서 대답해주었습니다. "그래, 그렇지만 오늘까지 너희 고생 많았다."

다음 날 아침, 병원에 있어야 할 녀석이 학교에 왔습니다.

"너 왜 왔어, 어떻게 된 거야?"

“저 땜에 우리 반 무결석 끝나면 안 되잖아요.”

녀석은 아침마다 병원 옷을 교복으로 갈아입고 엄마랑 등교했다가 한두 시간 수업받고 조퇴를 했습니다. 아픈 몸을 이끌고 힘들게 학교와 병원을 오가던 녀석, 애 데리고 와서 기다리다가 다시 데리고 가던 엄마. 그리고 그때의 1학년 2반 모든 친구에게 고마움을 전하고 싶습니다.

아이들이 결석이라는 걸 생각조차 하지 않고 열심히 공부만 하는 학교에서라면 ‘1년 무결석 학급’이 아무것도 아닌 일이겠지만, 다양한 수준의 여러 아이가 모여 있는 시골 고등학교에서는 흔한 일이 아닙니다. 제가 무결석반 이야기를 쓴 것은 자랑하기 위함이 아닙니다. 선생님들께 하고 싶은 말이 있어서입니다.

결석이 많은 학급의 담임을 무능하다고 평하는 경우가 있습니다. 아이들에게 소홀하다거나 교사의 책임감이 부족해서 다른 반보다 결석이 많은 거라고 말해집니다. 무결석반은 담임이 유능해서, 열심히 해서 된 것으로 생각하기 쉽습니다. 하지만 그렇지 않습니다.

그런 평가가 맞는 것이라면, 저는 철저하게 무능하고 무책임한 교사였다가 졸지에 유능하고 책임감 넘치는 교사가 된 겁니다. 그러나 그건 아닙니다. 전 그때나 지금이나 똑같은 교사일 뿐입니다. 다만 운이 좋았던 것이지요.

선생님 학교에 결석생 많은 학급을 보고, ‘담임에게 문제가 있다.’라고만 생각하지 마세요. ‘그래도 담임이 그만큼 노력해서 이 정도다.’라고 여겨주세요. ‘담임은 뭐해, 결석이 두 명이나 되고 말이야.'가 아니고, '네댓 명 될 걸 그나마 담임이 애써서 두 명밖에 안 된다.'고 생각해주세요. 담임들은 괴롭습니다.

지금 이 시각, 결석생 때문에 속 끓이시는 담임선생님. 기운 내세요. 아자!

아이들 도끼엔 날이 없습니다

담임은 보람된 일입니다. 그러나 날로 힘겨워집니다. 아이들은 점점 다루기 어려워지고, 담임이 처리해야 할 학급업무는 눈덩이처럼 불어나고 있습니다. '사랑'이라는 두 글자를 가슴에 새기고 교단에 섰지만, 자꾸만 아이들에게 배신감을 느끼는 일이 생겨나기도 합니다. 믿는 도끼에 발등 찍힐 때마다 화가 납니다. 그래도 계속 믿으려고 노력합니다. 아이들 도끼엔 날이 없습니다.

혼내야 할 일이 있어서 학급 아이를 교무실로 불렀습니다. 고개를 푹 숙인 아이가 내 앞에 섰습니다. 그런데 오가는 선생님들이 한마디씩 합니다. "너 또 왔냐?", "뭘 잘못했냐?", "이 녀석아, 담임선생님 속 좀 그만 썩여라." 담임인 나를 도와주려는 동료 선생님들의 관심입니다. 그렇지만 담임은 이런 관심이 고맙지만은 않습니다. 그냥 모르는 척해주는 것이 더 좋을 때가 있습니다.

수업에도 궁합이 있습니다. 수업 잘 되는 반이 있고, 잘 안 되는 반이 있습니다. 궁합 안 맞는 반에 들어가면 한숨만 쉬게 되고, 잔소리하게 되고 그러다가 진도도 나가지 못한 채 수업 마치게 됩니다. 힘은 힘대로 들죠. 힘든 마음에, 그 반 담임 선생님께, "애들 수업 분위기 정말 엉망이에요." 하소연하기도 합니다. 그러나 담임인들 뾰족한 수 있나요. 어차피 수업은 교과 담당 교사의 책임인걸. 그런 말을 자주 듣는 담임은 또 얼마나 속상할까요?

그 반에만 들어가면, 확! 다 때려주고 싶은 학급이 있었습니다. 잠시를 못 참고 떠들고, 장난하고, 자고, 엉뚱한 소리 하는 아이들 앞에서 인내력 실험을 거듭해야 했지요. 저는 "3반 수업 분위기 개판이야, 개판" 이런 소리를 하며 스트레스를 풀어야 했죠. 어느 날 너무나 산만해서 수업을 중단했습니다. 그리고 반장애를 복도로 불렀습니다. 다른 시간에도 이 모양이냐고 물어봤습니다. 뭐, 다 그럴 거라고 지레짐작하면서.

"아뇨, 몇 과목은 잘 들어요."

"뭐? 잘 듣는 과목도 있어. 뭔 과목?"

"수학, 한문…."

"뭐? 수학?"

그 어려운 수학을 즐겁게 공부한다는 소리에 깜짝 놀랐습니다. 그리고 뜨끔했어요. 잘 듣는 과목이 있다는 것은, 결국은 교사하기 나름이라는 뜻이니까요. 제가 수업 중에 '한심하다. 요놈들.' 흉보고 있을 때, 아이들은 저를 보며, '수업 좀 잘하지….' 이러고 있었을지도 모릅니다. 궁합 안 맞는 반! 적당히 포기할 게 아닙니다. 더 많은 준비와 더 큰 애정이 필요합니다.

연말이면 학급 아이들에게 '사랑의 열매'를 사도록 해야 하던 때가 있었습니다. 학급 인원만큼 배당받았습니다. 아이들에게 나눠주고 1천 원씩을 받아야 합니다. 그 돈들이 모이고 모여서 불우한 이웃을 돕게 되겠죠.

그런데 며칠 전 교내 행사로 불우이웃돕기 성금을 거둔 일이 있었기 때문에 다시 또 돈을 걷는 게 부담스러웠습니다. 우리 반에는 남의 도움을 받아야 할 만큼 가난한 집 아이들이 유난히 많기 때문이었죠. 그래서 취지를 설명해주고, 사고 싶은 사람만 사라고 했습니다. 나머지는 제가 그냥 살 생각이었습니다.

다음날 옆 반 담임선생님에게 항의를 받았습니다. '사랑의 열매'를 모두에게 하나씩 나눠주면서, 어려운 이웃을 돕기 위한 성금이니 1천 원씩 내라고 아이들에게 말했답니다. 그랬더니 아이들이, "6반은 사고 싶은 사람만 사라고 했는데, 왜 우리 반은 다 사야 되나요?" 따지더랍니다. 그 담임 선생님 몹시 난처했을 겁니다.

아차, 제가 잘못한 겁니다. 별 생각 없이, 살 사람만 사라고 뱉어 놓은 말 때문에 여러 담임선생님들을 불편하게 했으니까요. 제대로 담임을 하려면 아이들에 대한 관심과 함께 동학년 담임들과 호흡을 맞추는 노력도 있어야 합니다. 중요합니다. 다른 반 담임들의 입장을 고려하며 일을 계획하고 추진하는 슬기가 꼭 필요합니다.

교장 선생님 전상서

교장 선생님 힘드시죠? 옛날에는 그냥 돋보기안경 내려쓰고 도장이나 쿡쿡 찍어주면 됐던 것 같은데, 요즘 교장직은 교내외로 할 일이 너무 많지요. 교사들도 예전 같지 않고, 학부모도 그렇고, 아이들도 그렇고. 고단하고 외로운 자리가 아닌가 싶어요.

힘드신 거 알면서도, 이렇게 건의 말씀 올리게 됨을 죄송스럽게 생각합니다. 읽으시면서 '니들도 이 자리에 와봐라. 그럼 내 심정 알 거다.' 그러실 것 같습니다. 교장 선생님은 교사 경험과 교장 경험을 모두 하시지만, 저희는 교사 경험밖에 없으니, '철없는 소리'일지라도 양해를 부탁합니다.

혼내실 일이 있을 때 조용히 불러서 따끔하게 혼내시는 교장 선생님이 좋습니다. 다른 선생님 앞에서 제 흉보신 이야기가 입에서 입으로 흐르다가 뒤늦게 제 귀에까지 들어올 땐 불쾌하더라고요. 뒤통수 맞은 기분이었습니다.

가끔은 교장 선생님의 평교사 시절을 떠올려주세요. 학교 선생님들 때문에 답답하고 화나고 그러실 때 교장 선생님의 그 시절을 그려봐 주세요. 그러면 저희를 다른 눈으로 보시게 될 수도 있습니다.

칭찬과 격려는 지친 교사들에게 힘을 줍니다. 아무리 나이를 먹어도 칭찬받는 거 싫어하는 사람은 없잖아요. 많이, 많이 칭찬해주세요. 립서비스도 나쁘지 않지만, 진심을 담으면 효과가 더욱 뚜렷해집니다.

목소리 큰 사람에겐 약하시면서, 말 없는 사람에겐 강하지 마세요. 그런 교장 선생님을 볼 때마다 묵묵히 제 일 다 하는 선생님들은 서글퍼진답니다.

선생님들과의 회식 자리에선 취하지 않을 만큼만 약주 드세요. 취하시면 모두가 힘들어집니다. 그 자리에 있는 남자·여자 모두 성인이고 교사입니다.

교장 선생님의 제자, 후배 또는 친한 분이 학부모가 되어 교장실에 찾아오면, 교무실로 가서 아이 담임선생님께 인사하라고 시키세요. 그냥 교장실에서 인터폰으로 담임 불러서 학부모 앞에 세워두고, "그 반에 용석이 있지? 그 애 아빠야 인사해." 이런 식은 곤란합니다.

조금씩 베풀어주세요. 여름에 교무실로 수박 한 통 넣어주시면 더위가 날아갑니다. 밤늦도록 남아 있는 선생님들에게, "출출할 텐데, 만두나 먹고들 하지." 하시면, 피로가 사라집니다.

어느 초등학교 졸업식에서 교장 선생님이 직접 '졸업식 노래' 연주를 하셨네요. 하모니카 연주. 한 곡 더 서비스로 '석별의 정'까지. 멋지지 않나요? 혹시 악기 조금 다루실 수 있다면 아이

들 앞에 한 번 서보시는 건 어떨까요. 이제부터 배우셔도 늦지 않았죠. ^^

가끔은 져주세요. 당신의 결정이 옳다고 믿으셔도 학교 선생님들 대다수가 반대하면 나름의 이유가 있을 겁니다.

함께 근무하는 고향 후배, 대학 후배 선생님들 사랑스러워도 열심히 가르치고 열심히 일하는 다른 선생님들 외롭지 않게 배려해주세요. 공은 공, 사는 사. 학교를 위해!

혹시 교감 선생님과 지금 껄끄러운 관계라면 교장 선생님께서 먼저 풀고 먼저 포용해주세요. 교장 선생님이 윗분이시니까요. 두 분 사이 불편하시면 우리 교사들도 힘들어요.

비 올 땐 저희의 우산이 되어주세요. 어쩌다 교사와 교사 아닌 이 사이에 심각한 갈등이 생길 때가 있죠. 누구의 잘못인지 판가름나기도 전에 교육청이나 교육부에서 해당 교사를 죄인 취급할 때가 있습니다. 교사에게 교육청이나 교육부는 부모 격입니다. 남들이 다 손가락질해도 부모만큼은 자식을 감싸 안아줘야 합니다. 그런데 부모가 자신의 체면을 위해 남보다 먼저 제 자식에게 손가락질하고 욕해대면 이건 정말 황당하지요.

학교에서도 마찬가지입니다. 교사가 어떤 어려움에 부닥쳤을 때, 교장 선생님이 난처하다고 쏙 빠져버리시면 힘없는 교사는 누구에게 의지합니까? 교장 선생님은 교사의 보호자입니다. 날씨 궂은 날, 저희의 우산이 되어주세요.

이런 교장 선생님은 되지 마세요.

언젠가 교육부에서 명하기를, 스승의 날에 꽃도 받지 말라고 했습니다. 5월 15일, 인천 시내 어느 초등학교. 그날 교장 선생님이 컴컴한 새벽에 출근했습니다. 출근하자마자 교문으로 달려가 등교하는 아이들을 감시하기 시작했습니다. 빈손으로 등교하는 아이들은 들여보내고, 꽃 한 송이라도 든 아이들은 양팔 벌려 막았습니다. 집으로 돌아가서 꽃을 두고 오라고 명했습니다. 아이들이 울면서 들어가게 해달라고 애원해도 교장 선생님은 막무가내였습니다.

스승의 날 아침, 온몸으로 상부의 명령을 충실히 따르던 교장 선생님. 당신이 진정 겁내야 할 대상은 교육청도 교육부도 아니었습니다. 당신으로 인해 상처 입은 아이들이었습니다.

학교는 살아 있다

직업이 교사이다 보니 학교가 등장하는 영화에 관심이 많습니다. 영화 속에서 다뤄지는 학교, 학생, 교사의 모습을 통해서 현실의 나를 되돌아보는 게 꽤 의미 있게 느껴집니다. 여러 해 지난 얘기지만, 〈여고괴담〉이라는 영화의 장면 장면이 지금도 생생합니다.

짜임새 있게 잘 만든, 무서운 영화였지요. 그 영화 본 다음 날이 하필 숙직이었습니다. 혼자서 넓은 학교 지키는데 무서워서 혼났습니다. 자꾸만 영화 속의 끔찍한 장면들이 떠올라 보지도 않는 TV를 켜놓고 있었는데, 그날따라 비 오지, 바람 불지, 아무튼 긴긴 밤이었습니다.

〈여고괴담〉은 괜찮은 영화였습니다. 그러나 저렇게까지 학교를 어둡게 묘사해야 했을까 하는 생각이 들었습니다. 영화 속의 학교는 철저히 어둠이며 감옥이며 지옥이었습니다. 그 속에는 눈곱만큼의 꿈도, 희망도 없었습니다. 처참하게 살해되는 두 명의 교사는 각각 '미친개'와 '늙은 여우'로 불리는 선생들입니다. 그 얼굴에 침을 뱉고 싶은 교사상입니다.

우울했습니다. '이 영화를 만든 분은 학교 교육에, 선생님들에게 한이 맺혔나 보다.' 하는 생각마저 들었습니다. 학교에 대한 애정을 역설적으로 표현함으로써 학교 현실을 알려주려는 의도였는지도 모릅니다.

그러나 생각 좁은 저는 이 영화 속에서 희망의 싹을 발견하지 못했습니다. 저를 더 우울하게 했던 것은 학생들의 영화평이었습니다. 인터넷 게시판에 올라온 아이들의 글 가운데 '통쾌하다'는 반응이 의외로 많았습니다. 그래요, 대한민국에 선생님들이 좀 많습니까. 별의별 사람들이 다 있겠죠. 과장되기는 했지만, 미친개나 늙은 여우를 닮은 선생님들도 분명히 있을 겁니다.

하지만 그들보다는 페스탈로치를 꿈꾸는 선생님들이 더 많습니다. 아이들의 사랑과 존경 속에 사표師表의 길을 가는 선생님들이 훨씬 더 많습니다. 그런데 왜 요즘 영화들은 미친개에게만 카메라 앵글을 맞추는 걸까요. 겨우 미친개를 벗어났다 싶으면 우스꽝스러운 속물들로 묘사될 뿐이니, 그 이유를 모르겠습니다.

다시 생각해봅니다. 〈여고괴담〉을 보면서 나 역시도 미친개를 욕했지만, 나도 나이를 더 먹으면 미친개처럼 되지 않을까? 아니, 지금의 나에게 미친개를 닮은 부분은 없을까? 영화 속 교사의 죽음을 통쾌하게 받아들이는 아이들, 그들을 그렇게 만든 것은 바로 우리 교사 아닐까? 여기까지 생각하고 보니 소름이 끼치네요.

제가 어릴 때 보던 학교 영화는 유치했습니다. 단순했습니다. 그래도 재미가 있고 감동이 있었습니다. 교육 현장에 대한 따뜻한 시각도 느낄 수 있었습니다. 그때 그 영화, 〈고교얄개〉나 〈여고얄개〉, 문뜩 얄개가 그리워졌습니다.

그러던 어느 날, 『쇼쇼쇼 김추자, 선데이서울 게다가 긴급조치』라는 제목을 가진 책을 봤습니다. 386세대쯤의 향수를 한없이 자극하는 소재를 무겁지 않게 다뤄서 '맞아, 맞아. 정말 그랬어. 정말!' 하며 재밌게 읽었습니다. 저자의 말에 그저 공감하며 맞장구치다가 책이 끝날 무렵, '어! 이건 아닌데' 하며 브레이크가 걸리는 대목이 있었습니다.

우리나라 청소년 영화의 흐름을 짚어가는 글이었는데, 이승연과 김정훈 주연의 옛날 영화 〈고교얄개〉가 문제였습니다. 저자는 얄개들의 훌륭한 선생님으로 나왔던 영화배우 하명중씨를 이야기하는 부분에서 이렇게 썼습니다.

"그런데 문제는 하명중 같은 마음씨 좋고 이해심 넓은 선생님이 실제로는 전국적 차원으로도 거의 없다는 점이었고, 그래서 하명중의 캐릭터는 '미필적 기만(?)'에 해당될 수도 있다는 점이다."

미필적 기만이라니! 이 나라 교사에 대한 철저한 불신이 묻어나는 저자의 글에 실망하지는 않았습니다. 그냥 슬퍼졌습니다. 정말 저자는 초·중·고 12년 생활 동안 단 한 명의 좋은 선생님도 만나지 못한 것일까요? 그 모든 선생님이 '미친개' 부류에 불과했던 것일까요? 우리가 사회에 나와 어떤 직위에서 어떤 일을 하든지, 그걸 가능하게 도와준 이들은 부모님 그리고 선생님이 아니었을까요?

저는 12년 학창 시절에 기억하고 싶지 않은 선생님도 보았지만, 존경하게 된 선생님들도 만났습니다. 지금 당장에라도 제가 근무하는 학교에서 '하명중 선생님'에 전혀 뒤지지 않는 멋진 선생님들을 다섯 손가락 꽉 채워 이름 댈 수도 있습니다.

학교를, 교육을 말하는 여러 종류의 글 가운데 교사를 부정적으로 쓰지 않는 경우가 드뭅니다. 학창시절에 대한 개인적인 향수를 적어 놓은 글에도 학교와 교사는 음울한 기억일 뿐입니다. 어느 대학의 교육학 교수님께서는 신문 지면을 빌어 '대한민국의 학교는 이미 위기의 차원을 벗어나 뿌리째 무너져 내리고 있다.'는 진단을 내렸습니다. 그리고 교실은 '난장판'과 '침실'이 된 지 오래전이라고 했습니다. 직접 확인은 하셨는지, 보셨다면 몇 학교나 보신 것인지 여쭤보고 싶습니다.

학부모들이 이런 신문 글을 계속 읽다 보면 필요 이상으로 공교육에 대한 불안감이 커지지 않을까 걱정됩니다. 내가 몸담고 사는 내 삶의 또 다른 공간인 교실은 난장판이 아닌데, 침실도 아닌데…. 못한다는 소리를 자꾸 듣게 되면서 더 공부 못하게 되는 소심한 아이처럼 자꾸 주눅이 들어 웅숭그리게 됩니다.

그래도, 그래도 일어나야지요. 기운 내야지요. 학교 교육이 무너졌다고 밖에서 아무리 소리쳐도 교사가 그걸 받아들이지 않는다면 무너진 것이 아닙니다. 우리 스스로 '그래 무너진 것 같아.' 이렇게 포기하게 될 때, 그때는 진짜 무너지는 것입니다.

학교는 건재합니다. 학교는 살아있습니다.

나는 꽃이다

퇴근길, 목욕탕에 들러 땀을 빼냈다. 때도 밀었다. 그래도 영 개운하지 않았다. 울적한 날이면 잠시 들렀다 가던 초지진에 내렸다. 벤치에 앉아 초지대교 야경을 물끄러미 바라보았다. 찰랑대는 바닷물 소리가 이제는 춥다.

전쟁, 그래 전쟁이었다. 약 한 달간 계속된 4년제 대학 수시 1차 원수접수가 끝났다. 오늘 마지막 남은 한 아이의 자기소개서 입력을 도와주는 것으로 모든 일정을 마무리했다. 오래도록 해오던 일을 끝내고 나면 시원섭섭하다고 우리는 말한다. 그런데 나는 시원하지도 섭섭하지도 않다. 그냥 맥이 빠지고 허탈하다. 몇 아이나 건질 수 있을까? 대한민국 고3 담임들의 공통된 심사가 아닐까 싶다.

우리 반 아이들 대부분이 적게는 한 대학, 많게는 여섯 개 대학에 원서를 썼다. 다해서 백 수십 통이다. 열흘여 동안 쓴 담임 추천서가 30통 정도이고, 아이들이 써온 자기소개서 교정 본 것은 그 이상이다. 그냥 맞춤법 수정해주는 정도로 끝내도 되는 자기소개서도 있었지만, 글을 통째로 들어내고 다시 쓰게 해야 했던 경우가 많았다. 만만하지 않았다.

아침부터 늦은 밤까지 아이랑 붙어 앉아 컴퓨터 모니터 들여다보며 원서 접수를 했다. 웬만하면 집에서 해도 되련만, 우리 아이들은 모든 걸 학교에서 해결하려고 한다. 학교 주변에 변변한 학원조차 없는, 그래서 사교육이 힘을 쓸래야 쓸 수 없는 환경이기에 우리 학교 선생님들은 낮에는 교사 역, 밤에는 학원이나 과외 선생님 역을 하며 아이들을 돌본다. 그러다 보니 아이들은 원서 쓰는 것도 학교에서 해야 안심을 한다.

밥 먹는 시간까지 줄여도 절대적으로 시간이 부족했다. 내 소속인 연구부의 윤 부장님은 내가 맡고 있던 행정업무를 슬그머니 가져갔고, 3학년부 박 부장님은 하나에서 열까지 챙기며 힘이 되어 주었다. 음으로 양으로 여러 동료의 배려와 지원을 받았기에 겨우겨우 오늘까지 올 수 있었다. 앞으로도 당분간 그래야 할 것 같아 미안할 따름이다.

우리 반 아이들에게도 미안하다. 고3 담임직을 수행하기에는 내 체력도 머리도 함량 미달이었다. 많은 상처를 줬다. 지원 대학 선정 과정에서 적합한 곳을 제대로 정해주지 못했다. 농어촌 거주 기간이 3년밖에 안 되는 아이에게 3년 6개월 조건의 대학을 추천하기도 했다. 교사 추천서를 제시간에 입력하지 못해 낭패를 안기기도 했다. 지나치게 눈높이가 높은 아이들에게 성깔을 부리고 가슴에 못을 박았다.

접수 모두 끝내고 우리 반 아이들에게 이야기했다. "원서 쓰면서, 너! 최저 등급 채울 자신 있어? 힘들 것 같지 않아? 이렇게 너희 무시하는 말 들은 친구들 많지? 자신감을 심어주기는커녕 안될 것처럼 말하는 선생님이 미웠지? 이해하라는 말 하지 않겠다. 계속 미워해라. 더 많이 미워해라. 그리고 '두고 봐라, 꼭 수능 잘 봐서 최저등급 채워서 나를 무시했던 당신 코를 납작하게 만들어주겠다.' 이런 각오와 독기를 품어라."

그랬으면 좋겠다, 정말. 우리 아이들이 독기를 품고 지난봄 3, 4월의 눈빛으로 돌아가 마지막 힘을 다해 공부했으면 좋겠다. 수시 기간 학습 분위기가 너무 흩어졌다. 수시보다 정시에 목표를 둔 아이들마저 흔들려 교실은 늘 어수선했다. 이제 담임도 아이들도 몸과 마음 추슬러 다시 시작해야 하는데, 아이들 또 대학별 면접, 적성, 논술 시험을 보러 나서야 한다. 현 입시제도에서 3학년 2학기는 그냥 버려지는 시간이 되고 마는 것 같다.

문제점 없는 입시제도가 있을 수 있을까. 지금의 제도 역시 마찬가지다. 3학년 담임이니 당연히 견뎌내야 할 일이라고 하면 할 말 없지만, 버겁다. 원서 쓰고 자개소개서 봐주고 밤 밝혀 추천서를 써대며, 지금 내가 뭐 하고 있는 건가. 입학사정관이 이 소개서를 이 추천서를 다 읽어주기는 할까. 읽어준다면 이 아이의 합격 여부에 얼마나 영향을 줄 수 있을까. 결국, 내신 싸움 아닐까, 회의가 드는 게 솔직한 심정이다.

내가 지금 고3 담임이라 이런 말 하기 좀 뭣하지만, 전국의 모든 고3 담임선생님들에게 박수를 보내고 싶다. 속으로 멍들고 속으로 퍼석하게 말라버린 딱한 사람들. 그들의 어깨를 주물러 주고 싶다. 지금 기막힌 뉴스가 들려온다. 일부 교사가 방학을 이

용해 거짓 입원으로 보험금을 타내는 사기를 쳤다가 적발됐다고 한다. 김포에서 제주까지 그 많은 선생님이 방학도 잊은 채 좋은 교사의 길을 가려 땀 흘려왔는데, 저이들은 뭐란 말인가.

가만, 내일 할 일은 뭐지? 그래 오랜만에 고운 시 한 편 골라 인쇄해주자. 한 달에 한 번씩은 시 한 편이나마 읽혔는데 개학하곤 그마저 하지 못했다. 또 있다. 토요일에 면접시험 보러 가는 아이 준비시키고, 적성시험 가는 애들 수험표 출력해줘야겠구나. 부디 시험들 잘 보기를.

"이 녀석들아 쫄지 마라. 잘 될 거다. 우리 반 급훈 잊지 않았지? 그래, 나는 꽃이다."

어느새 오십대!

아이가 새 학년을 맞으면 어떤 담임선생님을 만나게 될지 궁금합니다. "아들, 담임선생님, 몇 살쯤 돼 보이셔?" 저는 이것부터 묻게 돼요. "오십은 넘어 보이던데.", "어, 그래 경험이 풍부해서 좋겠네." 어, 그래 경험이 풍부해서 좋겠네! 이 말 제 본심 아닙니다. 사실은 살짝 실망해요. 삼십 대나 사십 대 초반이면 딱 좋겠는데, 이십 대도 괜찮고. 그런데 하필 '중늙은이'라니.

그런데 말이죠, 저 참 못됐습니다. 아이 담임 오십 대라는 소리에 실망하는 저도 오십 넘었고 담임도 하거든요. 교사이자 학부모인 처지에서 드러나는 양면성, 이기적인 생각, 뭔가 모순. 아무튼, 그렇습니다. 우리 반 아이들 학부모님 중에도, '젊은 사람 여럿인데, 하필 저 양반이야.' 저에게 실망하는 분들이 있을 겁니다.

아이를 키우다 보면 담임선생님이 맘에 들 때도 있고 아닐 때도 있습니다. 보통 맘에 들지 않을 때가 더 많죠. 너무 오래 여선생님만 담임하는 것 같아 남선생님 기대하면 또 여선생님, 거꾸로 여선생님 기대하면 또 남선생님. 큰 아이 담임했던 저이가 작은 애 담임도 하면 좋겠다, 싶었는데 안 되고. 저이가 담임 또 하는 거 정말 싫다, 그랬는데, 또 담임 되고. 머피의 법칙은 학교에서도 예외가 없네요.

제가 우리 아이 담임선생님 쉰 살 넘었다는 소리에 실망한 것은 만나보지도 못한 아이 담임과 저 자신을 동일시해서 봤기 때문입니다. 저 하는 생각, 하는 짓을 보면서 한심하다는 생각을 하니까, 또래인 그분도 나랑 비슷할 거라는 근거 없는 추측.

지금의 저는 예전과 많이 다릅니다. 젊었을 때는 수업이 재 밌었습니다. 교무실에 있으면 수업 시작종 언제 치나, 기다리곤 했습니다. 일주일에 20시간을 하든, 22시간을 하든 신경 쓰지 않았습니다. 담임 시켜주지 않으면 섭섭했습니다. 담임 노릇이 즐거웠습니다. 아이들이 그저 예쁘기만 했습니다. 아이의 단점이 그 아이의 개성이라고 여겼습니다. 제법 어른스럽게 '내 탓이오.' 하며 아이들을 안았습니다. 행정업무도 신나게 제법 잘했습니다.

지금 저는 수업이 재미없습니다. 수업 시간 50분이 너무 깁니다. 수업 없는 50분은 너무너무 짧습니다. '일주일에 한 시간만 적어도, 그게 어딘데.' 하면서 수업 적게 맡으려고 잔머리를 굴립니다. 담임 맡기 싫어서 윗분들 눈치를 봅니다. 담임하게 되면 그냥 귀찮습니다. 마지못해 하다 보니 아이들이 예쁘지만은 않습니다. 아이들 탓을 자주 합니다. 행정업무도 귀찮기만 합니다. 남들 척척 해내는 일을 저는 끙끙거리며 제대로 해내지 못합니다. 모든 업무가 컴퓨터로 이뤄지게 되면서 더 형편없어졌습니다.

그럼 어찌해야 하는가?

둘 중 하나입니다. 학교를 그만두던가, 제대로 하던가. 아이고, 학교 그만두면 큰일 납니다. 자식 놈 대학 등록금은 어찌할 거며, 장가들은 또 어떻게 보냅니까. 더 벌어야지요. 답은 하나, 제대로 하는 겁니다. 지금 쓰는 이 글속에는 반성과 의지를 다지는 제 마음이 담겼습니다. 혹시 제 또래 선생님 가운데 저와 같은 무기력에 빠진 분이 계신가요? 그럼 우리 다시 한 번 힘냅시다. 잘해보자구요.

우리네 '늙은 교사'에게도 장점이 있습니다. 20대 선생님이 갖지 못한 경험이 축적돼 있습니다. 학교를 보는 눈이, 교육을 보는 눈이 젊은 교사보다 넓고 깊습니다. 문제는 의욕이고 마음입니다. 마음 하나 제대로 먹으면 세상을 바꿀 수도 있습니다. 학교를 바꾸고 학급을 바꾸는 거, 뭐 그리 어렵겠습니까. 아이들 언니 오빠 노릇은 못하지만, 엄마 아빠 노릇은 할 수 있잖아요.

젊은 사람들에게 떨어지는 부분은 당연히 인정하고 그들에게 배울 것은 배우며 함께 어우러져 봅시다. 1등 하려고 하지 말고 1/N만 한다고 생각합시다.(이것도 쉬운 일이 아닙니다.) 직장 동료로서 젊은 사람들에게 짐이 되지는 맙시다. 수업 시작종 쳤다구요? 자 그럼, "아자!" 한 번 하고 어깨 펴고 교실로 갑시다.

오륙십 대 선생님 가운데 마치 20대 청년교사 같은 열정으로 아이들 앞에 서는 선생님들이 많이 계십니다. 진심으로 존경스럽습니다. 그분들에겐 이 글 자체가 미안합니다. 반면에 이제 겨우 30대인데 60대 교사 같은 사고와 행동을 하는 선생님도 없지 않습니다. 그럼, 안 되죠.

"우리 애 담임선생님 오십 넘었대!"
"어머, 잘됐다, 얘, 축하해."
"응, 고마워. 올해는 우리 애 담임 복이 있는 거 같아."

새내기 선생님께 보내는 잔소리 편지

If! 가정입니다.

어느 토요일에 선생님 친구들이 학교에 놀러 왔네요. 한 친구가 "학교 건물이 너무 낡았다, 얘." 그랬습니다. 그러자 선생님이 이렇게 말합니다. "대신 이 학교는 교정이 예뻐. 저기 나무들 좀 봐, 멋지지 않니?"

자, 선생님의 답변에 문제가 없나요?

없습니다. 다만, 더 나은 표현이 있다는 걸 말씀드리려고 해요. '이 학교'가 아니라 '우리 학교'로 바꿔보세요. "우리 학교는 교정이 예뻐." 느낌이 확 달라집니다. 당신이 단 한 해를 근무하고 떠난다 해도 떠나는 순간까지는 남의 학교가 아닙니다. 우리 학교입니다. 여러분이 주인입니다. 주인의식이 필요합니다.

선생님은 아이들이 좋아서, 가르치는 게 즐거워서, 교사가 되고 싶어서 그래서 교사가 되었습니다. 하지만 그렇지 않은 분도 있을 겁니다. 애들 그리 좋아하지 않는데, 가르치는 게 적성에 맞는 건지도 잘 모르겠는데, 정말 하고 싶은 일은 따로 있는데. 부모님이 원하셔서, 안정된 직업이니까, 정년이 보장되니까,

여자 직업치고는 괜찮은 것 같아서, 교사가 된 선생님. 혹시 선생님이 이런 케이스라면, 우선 아이들에 대한 사랑부터 키우세요.

교사도 힘든 직업입니다. 아이들에 대한 사랑이 없으면 이 길이 즐거울 리 없고 이 삶이 행복할 수 없습니다. 영화 '선생 김봉두'를 본 적이 있나요? 안 봤으면 언제 한번 챙겨보세요. 제가 '강추'합니다. 그 영화에서 폐교 위기에 처한 학교의 기사 아저씨가 이런 말을 합니다.

"학교가 폐교 되어도 계속해서 학교시설을 돌보겠다, 그래서 동네 아이들이 맘껏 뛰어놀게 하겠다, 아이들이 좋다, 돈 받으려고 소사 노릇 하는 거 아니다."

젊었을 때부터 건강관리에 신경 써야 합니다. 우리 하는 일이 무거운 짐을 옮기거나 하는 일은 아닙니다만, 체력적으로 만만하지 않아요. 온종일 서서 말하는 거, 장난 아닙니다. 몸에서 모든 기가 빠져나가는 느낌. 저는 심각한 '저질 체력'인데다가 슬슬 나이까지 먹어서 수업 자체가 힘에 부칠 때가 잦아요. 6교시쯤 되면 주저앉고 싶어집니다.

몸 어디나 다 소중하지만, 특히 목 관리를 잘해야 합니다. 아랫배에서부터 소리를 끌어올려야 목에 무리가 덜합니다. 그냥 목으로만 소리 내려고 하면, 목이 금방 쉬고 무리가 가요. 저는 요즘 수업 때 작은 마이크를 쓰곤 합니다. 여러분들도 쓰게 되는 분이 생길 겁니다. 그런데 아이들에게 마이크보다 '생음악'이 좋다는 거 아시죠? 될 수 있는 대로 쓰지 않는 게 좋습니다.

교실에서 마이크로 수업할 때는 각별하게 주의할 점이 있습니다. 평소보다 소리를 작게 해야 합니다. 우렁찬 목소리에 마이크까지 쓰고 거기다 교실 창문 다 열려 있다면, 옆 반은 수업 엉망 됩니다. 선생님 마이크 소리에 다른 반 선생님들은 수업할 수가 없는 거예요. "애들이 자꾸 떠드니까 저도 모르게 목소리가 커져요." 그럴 땐 애들보다 더 큰 소리로 강의하려 하지 마시고 잠시 침묵하는 게 더 낫습니다.

제 옆자리에 앉은 선생님은 올해 처음으로 교단에 선 초임교사입니다. 학급 아이들 증명사진을 하나하나 오려서 교무수첩에 붙이고 있는 걸 보았습니다. 초보교사다운 '성실함'입니다. 초임교사가 요령을 너무 빨리 익혀서 자신이 해야 할 일을 아이들에게 마구 시켜댄다면, 그 모습 별로 예쁘지 않습니다. 어느새 아이들한테 교무수첩에 사진 붙이게 하고, 출석부에 학급 학생 주소 적게 하고, 기타 등등 자질구레한 일들을 많이 시키고 있다면, 더 나아가 습관이 되고 있다면, 반성이 필요하다고 생각합니다. 아이들 신세 지는 것은 최소한으로 그치는 게 좋습니다.

교사는 해야 할 일이 참 많습니다.

그중에서 수업이 제일 중요하지요. 수업을 잘하려면 공부를 해야 합니다. 이제 공부 얘기를 해볼게요. 교과서를 받으면 우선 처음부터 끝까지 다 읽어보세요. 밑줄 쫙 그면서 꼼꼼하게 읽지 말고, 그냥 만화책 보는 기분으로 가볍게 읽으세요. 그렇게 두어 번 읽으세요. 그러면 교과서에 이러이러한 내용이 실려 있구나, 이 부분은 뒤에 나오는 그 단원과 연결하면 좋겠구나, 하는 걸 알게 됩니다. 그러면 앞으로의 수업계획이 수월해집니다.

임용고사 준비할 때 다 읽어봤다고요? 그래도 다시 보세요. 시험 때문에 보는 책과 가르치려고 보는 책은 같은 책이라도 보이는 게 다릅니다. 다 읽었으면, 이제부터 관련도서, 교사용지도서, 문제집 등 참고해서 수업 준비!

선생님들에 따라 다르겠지만, 2~3년 정도 수업해보면 어느 정도 자신감이 붙습니다. 그런데 자신감 붙는 이때부터가 중요합니다. 교과서 몇 쪽에 어떤 내용이 나오는지 아는 거, 그게 실력이 아닙니다. 교과서가 소화되고 재구성이 가능해질 이때부터 좀 더 깊이 있는 공부를 시작하는 것이 좋습니다. 학교에서 너무 바빠 책 보기 어려우면 집으로 가져가서 하세요. 결혼해서 아이 키우게 되면 책 집어 들기가 더 힘들어집니다.

교사가 교재 연구를 많이 하면 할수록 쉬운 강의를 하게 됩니다. 교사가 먼저, 가르칠 내용을 제대로 이해했을 때 어려운 내용도 쉽게 풀어 학생들에게 전달할 수 있다는 얘기죠. 교사가 완전히 이해하지 못하고 수업할 때, 아이들은 뭘 배우는지조차 모르게 됩니다. 쉬운 수업을 하려면 그때그때 적절한 예를 들어 설명해주는 것도 중요합니다. 독서를 통해 그 '적절한 예'들을 만날 수 있습니다. 그래서 다양한 공부가 필요합니다.

나침반은 끊임없이 떨고 있어야 나침반입니다. 바늘이 정지해버리면 더는 나침반이 아닙니다. 공부를 멈춘 교사는? 교사는 끊임없이 공부해야 합니다. 늘 공부하는 교사가 '진짜 선생'입니다.

때로 교사는 배우여야 한다고 믿습니다. 필요하면, 오스트랄로피테쿠스의 흉내를 내야 하고, 교탁에 올라앉아 반가사유상의

포즈도 취해야 합니다. 임진왜란을 말할 땐 스스로 이순신이 되어야 합니다. 분노해야 할 내용에선 교사의 목소리와 얼굴에 분노가 묻어나야 합니다. "내 죽음을 알리지 마라." 비장한 목소리가 필요합니다. '교사는 연극배우다.' 작정하고 교단에 서면 어색함을 극복할 수 있습니다.

학교에서 『학교교육과정 편성·운영계획서』 비슷한 이름의 책을 줄 겁니다. 흔히 '교육계획서'라고 하지요. 이거 학교생활의 등대 같은 거니까 꼭 읽어보세요. 보통 해당 학교의 교육계획서에는 3월부터 다음 해 2월까지의 학사 일정이 실려 있습니다. 중간고사, 소풍, 체육대회, 방학식, 개학식 등등의 행사 날짜가 모두 수록되어 있습니다.

과목별로 수행 평가를 어떻게 하는지, 선생님 개개인이 어떤 행정 업무를 맡고 있는지, 교육과정은 어떻게 편성되어 있는지, 도서관은 어떻게 운영되는지, 학교의 흐름을 파악하는 데 아주 요긴한 것이 교육계획서입니다. 받지 못했다면 주변 선생님께 말씀해보세요.

교사가 가르치는 일에만 전념할 수 있다면 참 좋겠죠? 그러나 거의 꿈이라는 것도 이제는 알죠? 그렇습니다. 각종 행정업무도 우리가 해야 할 일입니다. 이왕 해야 할 일이라면 잘하는 것이 좋습니다. 처음엔 뭐가 뭔지 모릅니다. 그걸 부끄러워하는 사람은 바보예요. 제대로 일을 하려면 많이 물어서 배워야 합니다. 특히 학교생활기록부 작성 같은 중요한 일을 하게 될 때는 사소한 것이라도 꼭 선배 교사들에게 물어가며 처리하는 것이 좋습니다.

요즘 학교는 각종 메신저 프로그램으로 업무 내용을 전달합니다. 아무리 경황없어도 하루에 서너 번은 꼭 컴퓨터에 배달된 메시지를 확인하세요. 첨부파일까지 꼼꼼하게 읽어봐야 해요. 그래야 처리할 일을 놓치지 않으니까. 안 그러면 메시지 보냈던 그 선생님이 업무 마감을 할 수 없어요. 그런데 메시지 제때 안 읽고, 내야 할 것 내지 않는 선생님들이 거의 그 사람이 그 사람이라는 거. 참 나쁜 습관입니다. 어떨 때는 그런 분들 때문에 울화통이 터진답니다. 배워선 안 될 습관이에요.

혹시, 다른 선생님들보다 업무량이 많은 것 같지 않아요? 그러면 그냥 선생님이 조금 더 한다고 생각해주면 좋겠어요. 교직사회는 평등사회입니다. 25세 선생님이나 60세 선생님이나 똑같은 교사입니다. 60세 되신 교사가 나이 대접받으려고 아무 일도 안 하려 한다면 문제겠죠? 20대 교사가 연세 드신 선생님들과 똑같은 권리 주장하는 것도 불편합니다. 한 지붕 아래서 함께 근무하는 동료교사이면서 아버지뻘 되는 어른! 여러분도 언젠가는 예순이 됩니다. 젊었을 때, '그래, 내가 조금 더하자.' 이렇게 마음먹는 당신. 멋진 선생님의 모습입니다.

교사 수가 적은 시골 소규모 학교에 발령받은 선생님. 그런 학교는 한 사람만 제 몫을 못해도 학교 운영에 큰 지장을 줍니다. 처음엔 한 몫도 벅찰 테지만, 두 몫을 하겠다는 각오도 필요합니다. 선생님이 고생하는 만큼 배움도 많습니다.

이제 늙은이의 시시콜콜 잔소리입니다.^^

다른 선생님들보다 조금 일찍 출근하세요. 한 10분 정도면 됩니다. 선생님들 다들 출근했는데, 늦게 교무실 문 열고 들어오는 거 좀 그렇죠. 퇴근 때 남은 일이 없다면 남 눈치 보지 말고 퇴근하세요. 그렇다고 땡 하는 순간 일등으로 나가지는 말고요.

아이들에게 인사 잘하라고 가르치는데, 똑같습니다. 선생님들께 인사 잘하세요. 두 번 만나면 두 번, 세 번 만나면 세 번. 고개만 까딱하지 말고 좀 숙여서. 복도에서 마주친 젊은 선생님이 인사는커녕 나를 살짝 외면하고 지나가면, 머쓱해져요. '저 친구, 나한테 뭐 불만 있나 보다.' 이런 생각 든다니까.

"반갑게 인사했는데, 모르는 척, 인사 안 받아주는 선생님이 계셔요." 그런 분도 있긴 있죠. 사실, 인사를 아랫사람만 먼저 해야 하는 거 아닙니다. 인사에 아래위가 필요한가요. 먼저 본 사람이 하면 그게 제일 자연스럽지. 아무튼, 그래도 인사 잘하기!

교감 선생님께 한소리 듣게 될 땐, 웬만하면 "그게 아니고요." 하지 말기. 하고 싶은 말은 상대방 말씀 끝난 뒤에 하기. 아무 때나 "정말이요?" 이 말도 하지 말기. 교감 선생님 거짓말쟁이 아니거든.

음, 잔소리할 게 남았었는데 …. 아! 생각났네요. 나이 자체가 예쁠 때니까, 여선생님 너무 예쁘게(?) 옷 입지 않기. 특히 여름에.^^

"에이, 그 정도는 기본이죠. 다 아는 얘기네요."

실행해야 비로소 안다고 할 수 있는 것이랍니다. 고등학교 때 조선 정제두 선생이랑 강화학파 배운 기억나죠, 지행합일知行

습—? 그리고요, 기본이 중요한 겁니다. 기본이 흐트러지면 모든 게 공허한 거구요.

자, 새내기 선생님 파이팅! ㅎㅎ

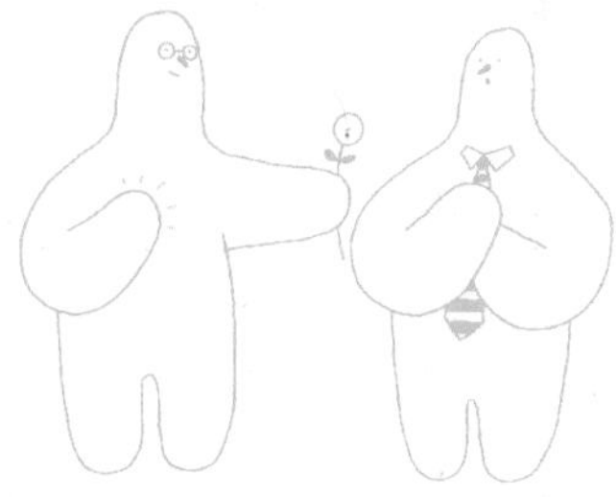

넌 언제 교장 되나?

어릴 때부터 교사가 꿈이었습니다. 꿈을 이뤘습니다. 섬마을 선생님이 되고 싶었습니다. 강화도처럼 다리 놓인 큰 섬 말고 저기 전라도쯤의 작은 섬마을에서 한 해라도 근무하고 싶었습니다. 그건 이루지 못했습니다.

교장이 되는 것은 꿈꾸지 않았습니다. 처음 교직에 들어설 때부터 지금껏 변함이 없네요. 나는 교장 그릇이 아니라는 생각을 했는데, 세월이 흐르고 보니 역시 젊었을 때의 생각이 맞았습니다. 그 자리가 부럽기는커녕 겁납니다. 내가 만약 교장이 되면 나 자신이 힘들고 선생님들도 고통스럽고 그럴 것입니다. 정년하는 그 날까지 흰머리 휘날리며 교실에서 아이들과 역사를 이야기하고 싶었습니다. 요즘 들어 그것도 자신이 없어집니다. 정년까지 수업할 수 있을까, 부쩍 건강에 자신이 없습니다.

예전엔 관리자가 참 편해 보였습니다. 교감 선생님 지내는 걸 보면 어쩌다 기안문에 도장이나 찍어주고 적당히 잔소리나 곁들이는 정도였습니다. 맨날 바둑책 보며 소일하는 분들도 있었습니다. 지금 교장, 교감은 정말 바쁩니다. 그야말로 행정전문가가 되어야 합니다. 업무처리 능력 없이 관리자가 되면 인정받기 어렵고, 평교사들도 일하기 힘들어집니다. 한마디로 놀고먹는 시대는 지났습니다. 관리자는 또 교육청 등과의 관계에서 사회성과 교섭 능력을 갖춰야 합니다. 무엇보다 중요한 것은 단체장에 걸맞은 인간성을 갖추는 것입니다. 아무나 교장이 되면 안되는 이유입니다.

주변에서 보면 정말 존경받아 마땅한 교장 선생님들이 있고, 으악! 소리 나오게 나쁜 교장 선생님들도 있습니다. 바른 소리 했다는 죄 아닌 죄로 교장에게 찍혀 강제로 학교를 옮기에 되는 교사들이 있고, 거꾸로 문제 교장을 피해 다른 학교로 옮겨가 버리는 선생님들이 있습니다. 그래서 교사에게는 어떤 교장을 만나는가가 행복과 불행의 기준이 되기도 합니다.

좋은 교장이 되는 법은 의외로 간단할지도 모릅니다. 젊었을 때부터 교장, 교감 선생님을 '관찰'하면 됩니다. 좋은 점은 꼭 배우려고 애쓰고 나쁜 점은 배우지 않으면 됩니다. '내가 교장 되면 저런 짓은 하지 말아야지.' 가슴에 새겨야 합니다. 관리자가 되면 자신의 평교사 시절의 환경과 형편과 생각을 되돌아보며 아랫사람들을 보아야 합니다. 마치 평교사 경력이 전혀 없는 사람처럼 행동하면 곤란합니다. 지나치게 너무 지나치게 같은 고향, 같은 대학 후배들을 편애하고 자기 학교로 끌어모으는 교장이 있기도 합니다. 역시 나쁜 교장입니다. 이런 비뚤어진 의리는 교장이 그만큼 교장으로서 '자신 없음'을 드러내는 행위에 불과합니다.

교장을 무조건 부정적으로 보는 교사가 있습니다. 실력도 없으면서 굽신거리고 아부 잘 떨어서 교장 됐다는 소리를 합니다. 땀과 눈물로 노력을 다해서 교장 된 사람에 대한 모욕일 수 있습니다. “난 비비는 게 체질에 안 맞아서 교장 같은 거 안 해.” 이런 소리를 하기도 합니다. 왠지 허풍처럼 들립니다. 개중에는 정말 비굴해 보일 정도로 관리자에게 굴종하는 모습을 보이는 사람이 있기는 합니다. 그런데 직장생활에서 어느 정도의 ‘아부’는 필요한 겁니다. 그게 상사에 대한 예의이기도 합니다.

내가 교장이라고 해도 살갑게 붙는 교사가 더 맘에 들 겁니다. 자, 여기 비슷한 경력과 능력을 갖춘 두 명의 교사가 있다고 칩시다. 교장이 두 교사 중 한 사람을 택해야 한다면, 누구 손을 잡아 줄까요. 야간자율학습 감독하는 날입니다. 교무실에 교장 선생님이 와 계시네요. 김유신 선생님은 인사만 꾸뻑하고 저녁 먹으러 갑니다. 계백 선생님은 “교장 선생님, 날도 추운데 설렁탕이나 한 그릇 하시죠. 같이 가세요.” 이렇게 말합니다. 늘 이런 식이라고 칩시다. 여러분이 교장이라면 누구에게 더 정가겠어요. 계백 선생입니다.

교사에게 교장 자리는 목표가 되는 게 맞습니다. 목표가 있고 그 목표를 위해 하나하나 성취를 이뤄나가면서 활력을 얻습니다. 그러나 교장 되는 게 유일한 목표가 되면 삶이 팍팍해질 수 있습니다. 여유를 읽게 되고 동료를 밟고 올라가는 그래서 동료의 가슴에 못 박는 무리수도 두게 됩니다. 무리수를 거듭 두며 교장이 된다면, 교사들의 진정한 존경을 받기도 어렵습니다.

교장이 되려면 그만큼 많은 노력이 필요하고 어느 정도 운도 따라줘야 합니다. 그러니 조급해하지 말고 당당한 길을 가는 것이 좋습니다. 조금 늦게 되면 어떻습니까. 후배가 먼저 교감 나가면 어떻습니까. 교감 되어 당신보다 나이 어린 교장 모시게 되면 또 어떻습니까? 사회생활 직장생활 얼마든지 그럴 수 있는 거 아닌가요? 교장 임기를 꼭 8년 채워야 합니까? 3년하고 퇴임하게 되면 누가 손가락질 하나요? 욕심을 조금만 줄이면 세상이 달리 보일지도 모릅니다. 때로 손해도 담담하게 받아들이고 절실한 누군가에게 양보도 하면 그게 다 여러분의 복으로 돌아옵니다. 저는 그럴 거라고 믿습니다.

교장을 목표로 하다가 중도에 포기하는 선생님들이 많습니다. 인생의 실패가 아닙니다. 부끄러운 일이 아닙니다. 교사로서 새로운 시작을 의미하기도 합니다. 머릿속 온갖 잡념을 털어내고 나면 홀가분해집니다. 우리 일이 힘들다, 힘들다 해도 더 힘든 직업이 세상에는 차고 넘칩니다. 나이 예순 넘어서도 얼마든지 훌륭하게 교사 노릇 할 수 있습니다. 중요한 건 마음 하나 바꿔 먹는 겁니다. 늙은 선생이 수업하는 거 애들이 싫어한다고요? 어느 정도 맞지만, 정답은 아닙니다. 교사가 하기에 따라 나이는 문제가 되지 않습니다.

교감이 되기까지 갖춰야 할 조건들이 참 많습니다. 연구점수에 벽지점수에 근평에, 정신이 없지요. 그런데 지금 이 순간이 제일 소중합니다. 지금 이 순간 당신은 아이들 가르치는 교사이지, 교감이 아닙니다. 그 무엇보다도 현재의 나에 충실한 삶, 아이들에 충실한 모습이 요구됩니다. 현장연구논문 마무리하느라 아이들 자습시키고, 벽지 점수 때문에 시골 학교로 가서 첫날부터 떠날 날만 꼽고 있다면, 이건 안 되는 일입니다.

일찍부터 관리자를 생각지도 않은 저는 그래서 좋은 점도 있습니다. 제 나이 전후의 선생님들은 승진 스트레스에 시달리지만, 전 그런 면에서 자유롭습니다. 그쪽으로는 아무런 스트레스도 받지 않습니다. 나쁜 점은? 나쁜 점이라기보다는 좀 불편한 것이 있습니다. 어쩌다 만나는 동창이 "야, 고등학교 후배 중석이도 교감 나왔더라. 넌 아직도냐." 이런 식의 관심을 보여줄 때 불편합니다. 그래도 동창이니 이러저러하다고 말할 수는 있습니다. 난감할 때는 길에서 만난 동네 어르신들이 "이 선생님 아직 교감 선생님 안 되셨어?" 이럴 때입니다. 뭐 설명해 드리기도 그렇고…. 그래도 내 어머니, 집사람, 그리고 두 아들은 나의 뜻을 진심으로 이해하고 존중해줍니다. 그럼 됐지요. 무얼 더 바랍니까. ㅎㅎ

중견 교사 여러분, 학교에 젊음을 바쳤다고 생각하기보다는 학교 덕분에 부모 봉양하고 자식들 키우고 가르쳤다고, 학교야 고맙다고, 생각하면 어떨까요. 교장 하면 좋고 또 안 한들 어떻습니까. 함께 손잡고 힘냅시다.

감사합니다.

두 번째 이야기

학부모님께 드리는 편지

비워야 채운다

오래전입니다. 무슨 일이 있어 서울 신촌에 갔는데 시간이 남았습니다. 그래서 근처 백화점에 들렀습니다. 여자 옷 있는 곳을 지나가다가 눈에 확 드는 원피스를 보았습니다. 마네킹이 입고 섰는데, 아주 마음에 들더군요. 흘끗 가격표를 보니 80,000원이었습니다.

'저 정도면 마누라 사줄 만하다.' 싶어서 가까이 가 옷 구경을 했습니다. '음, 괜찮네.' 사기로 작정하며 가격표를 다시 봤습니다. 800,000원! 팔십 만원이었습니다. '0' 하나를 빼고 팔만 원으로 잘못 읽었던 겁니다. 여름 원피스 하나에 팔십 만원! 괜히 화가 났습니다. 혼자 화만 내고 그냥 나왔습니다.

오륙십만 원 하는 꼬맹이 옷들이 잘 팔린다는 뉴스를 본 적이 있습니다. 뉴스는 계속됩니다. 백화점에서 그 옷을 산 젊은 엄마가 "하나뿐인 우리 아이 남에게 뒤지지 않게 키우겠다."며 인터뷰하는 장면이었습니다. 솔직히 말해서 그 아기 엄마의 경제력이 부러웠습니다.

그렇지만 짚고 넘어가야 할 게 있습니다. 아이가 남에게 뒤지지 않게 하려는 건, 곧 엄마가 남에게 뒤지지 않음을 보여주기 위함이 아닌가? 값싼 옷을 입으면 뒤지고, 비싼 옷을 입으면 앞서는가? 아이를 물질적으로 부족함 없이, 넘치게 키우는 것은 올바른 교육인가?

아이들은 쑥쑥 큽니다. 금방 산 옷도 한 철 입히면 더는 입힐 수가 없습니다. 그럼에도 고가의 옷이 잘 나가는 것은 재미있는 현상입니다. 최고의 옷만 입고 크는 아이들! 부모에 대한 고마움도 최고로 느낄까요? 아닙니다. 부모에게 고마움을 갖기보다는 부모의 당연한 의무라고 생각할 확률이 높습니다. 점점 더 당당하게 더 큰 요구를 하게 될지도 모릅니다.

당신이 경제적으로 넉넉하다 해도 자식만큼은 약간 부족하게 키우세요. 원하는 걸 다 가질 수 없는 것이 인생임을 알게 하세요. 부족함 속에서 커가는 아이가 더 인간적입니다. 조선시대 실학자 정약용 선생은 이런 말씀을 남겼습니다. "의복의 사치는 뭇 사람이 꺼리고, 귀신이 질투하는 바이니 결국 복을 더는 길이다."

『TV동화 행복한 세상』이라는 책이 한때 유명했습니다. 이 책의 좋은 글 가운데 '세상에서 가장 맛있는 라면'은 지금도 새롭습니다.

아빠와 단둘이 사는 꼬마가 침대에서 잠이 들었습니다. 아빠는 직장 일 때문에 평소보다 늦게 집에 왔습니다. 귀가해서 보니 잠든 아이 옆으로 퉁퉁 불은 컵라면이 엎질러져 있습니다. 화가 난 아빠는 아이를 깨워 혼냅니다. 혼자서 애 키우며 직장 생활하는 것도 고달픈데 아이까지 속을 썩이니 화가 났던 것이죠. 하지만 아이가 울면서 하는 말을 듣고 아빠도 속으로 울고 맙니다. 사연은 이러했지요.

아이는, 아빠가 퇴근할 시간에 맞춰 컵라면에 물을 부었습니다. 배고플 아빠에게 따끈한 국물을 드리고 싶어서입니다. 아빠가 오지 않습니다. 아들은 라면 국물이 식을까 봐 침대 이불 속에 컵라면을 묻습니다. 그렇게 아빠를 기다리다, 기다리다 잠이 들고 말았습니다.

어려움을 알고 큰 아이들이 '소황제'로 받들어짐에 익숙한 아이들보다 세상을 보는 눈도 더 따뜻하지 않을까 생각합니다. 약간은 비워서 키운 아이가, 자라면서 스스로 채워갈 의지를 갖추게 되는 법입니다. 어른이 되어서도 부모에게 모든 걸 의지하려는 '미성숙 어른'은 되지 않을 겁니다.

십 년 후

예전에 이런 기사를 읽었습니다. 결혼까지 시킨 자식이 마치 어린애처럼 부모에게 의존해 살아가는 문제를 다룬 글이었습니다.

> 집을 넓혀 달라는 40대 아들과 며느리의 성화로 아파트 평수를 줄인 부모가 있고, 자녀들 결혼시킬 때마다 더 먼 변두리로 이사 간 부부도 있다. 자식의 빚 때문에 늘그막에 단칸 전세방을 전전하는 이가 있는가 하면, 연금마저 차압당한 이도 있다. 뼈 빠지게 교육시키고 직장까지 얻게 해 결혼까지 시켜 주었지만 철딱서니 없는 자식들은 끝까지 부모의 애프터서비스를 요구한다. 자녀들이 태어나 부모에게 준 기쁨은 잠시뿐, 그 대가는 길고 혹독하다.
>
> _〈동아일보〉 2008. 1. 10.

지나치게 부정적으로 부모와 자식 관계를 묘사한 감이 없지 않은 글입니다. 그럼에도, 나도 몰래 고개를 끄덕이게 되는 것은, 시대가 그렇게 흘러가고 있음을 인정하기 때문입니다. 자식 공부 뒷바라지에 여념이 없는 우리 세대를 가리켜 '효를 행한 마지막 세대요, 효를 받지 못하는 첫 세대'라고 말하기도 합니다. 유쾌하지 않지만, 덤덤하게 인정해야 할 현실인지도 모릅니다. "우리 애는 절대로 그럴 리 없어." 자신 있게 말할 부모 얼마나 될까요.

늙어서 자식에게 생계를 의존하려는 사람, 이제 거의 없습니다. 직장 잡고 결혼하면, 뻔한 봉급으로 지들 먹고살기도 바쁩니다. 그 아이들에게, 낳아 기르고 가르치느라 엄마 아빠 희생했으니, 이제는 너희가 우리를 책임져라! 이렇게 말하기 어렵습니다. 그보다는, 취업하면 더는 부모에게 의지하지 않는, 자기 힘으로 커가는, 철든 어른이 되기 바라는 게 더 절실합니다.

직장일이 조금만 어려워도 쉽게 그만두고, 조금만 기분 상해도 더럽다며 때려치우고, 사업해보겠다며 부모에게 손 벌리면서, 씀씀이는 헤프기만 한 철없는 어른을 만든 책임. 그 책임은 바로 부모에게 있습니다. 어릴 때부터 그저 공부, 공부. 성적만 좀 나오면 모든 것이 용서되는 가정. 아이가 원하는 것 다 가질 수 있게 해주고, 부족함을 전혀 모르게 키운 아이가 결국, 철부지 어른이 되는 게 아닐까 생각해봅니다.

나는 우리 아이가 공부를 잘했으면 좋겠습니다. 명문대학 가서 이 사람 저 사람에게 축하 인사받으면 황홀할 것 같습니다. 아이보다 제가 더 어깨 힘주고 다닐지도 모릅니다. 아이가 공부 잘해서 좋은 대학 가기를 바라는 이유 안에는 부러워하는 주변 시선을 만끽하고 싶은 나의 이기심도 포함됐을 겁니다. 그런데 명예의 순간은 속절없이 짧습니다. 어느새 모든 영광이 잊히게 마련입니다.

중요한 것은 그 이후죠. 우리 아이는 어떤 어른으로 커갈 것인가. 철든 어른이 될 것인가. 철없는 어른으로 남을 것인가? 한 번쯤은 심각하게 생각해 볼 문제입니다. 당장 공부시키는 게 중요하지만, 10년쯤 후의 내 모습, 그리고 내 아이의 모습도 가만히 그려봅시다.

좀 심각했네요.^^ '똑똑한' 아들에게 낭패를 본 어느 딱한 아버지의 사연을 소개하면서 이야기를 마무리합니다. 『문화적 혼혈인간』이라는 책에서 본 글입니다.

19세기 영국에 브로엄이라는 정치가가 있었대요. 대법관까지 지낸 명망가였습니다. 장남을 파리로 유학 보냈는데, 아, 이 친구가 하라는 공부는 안 하고 예쁜 프랑스 여배우와 연애질만 하는 겁니다. 이 소식을 듣고 분노한 브로엄이 아들에게 편지를 보냈죠. "그 여자와의 관계를 빨리 정리해라. 안 그러면 앞으로 돈을 보내주지 않겠다."

이제 아들은 연애를 끝내야 합니다. 아버지가 돈을 보내주지 않으면 유학을 중단하고 영국으로 돌아와야 하니까요. 그런데 이게 웬일인가요. 아들의 답장을 받고 아버지 브로엄은 지금껏 송금하던 액수의 두 배를 보내줬습니다. 아들의 반성 편지가 그를 감동하게 했던 걸까요? 아들의 답장은 이러했습니다. "송금액을 즉시 두 배로 인상해주세요. 안 보내주시면 그녀와 바로 결혼하겠습니다."

작은 보람, 큰 보람

내가 교사되길 잘했구나, 이런 기쁨을 맛볼 때가 있습니다. 그 맛에 저는 지금도 아이들 앞에 섭니다. 특별한 이유 없이 교직이 싫어지고 세상만사 다 귀찮은 슬럼프에 빠져들 때가 있습니다만, 결국 다시 일어나는 것은 아이들 덕분입니다.

학교 체육대회가 열렸습니다. 아이들은 재치 있는 글과 그림을 넣은 각양각색의 '반티'를 입습니다. 우리 반 아이들은 제 캐리커처가 큼지막하게 들어간 '반티'를 입었습니다. 담임과 한 마디 상의도 없이 건방지게(?) 내 얼굴을 그려 넣었습니다. 창피했습니다. 그리고 고마웠습니다. 평생 처음 내 얼굴 들어간 옷을 입었습니다.

아이들이 수능 대비 모의고사를 봅니다. 온종일 초조합니다. 시험 마치고 곧이어 채점 시간입니다. 성적을 확인해보니 한마디로 엉망. 맥이 빠집니다. 다른 반도 비슷해서 3학년 교무실 분위기가 말이 아닙니다. 지난번 시험 때는 결과가 좋아서 교무실 안에 선생님들 웃음소리 가득했건만, 오늘은 고요합니다. 소주 한잔 하고 싶었지만, 그냥 퇴근했습니다.

거실 소파에 멍하니 앉아 있는데, 휴대폰으로 문자가 들어옵니다.

"선생님 죄송해요. 기쁘게 해드리고 싶었는데 ㅠㅠ. 다음엔 잘 볼게요."

시험 못 본 자기 자신도 속상할 텐데, 담임 마음까지 헤아리는 어른스러움…. 그래 난 너를 믿는다.

아이들이 한국사 공부를 지겨워합니다. 개중에는 흥미 있어 하는 아이들이 있지만, 대부분이 싫어합니다. 수업 시간에 자는 친구들이 늘어갈수록 교사로서의 무기력감도 깊어집니다. 하지만 역사 공부를 좋아하게 되는 아이들이 늘어가는 걸 확인하게 될 땐 기쁩니다. 수십 개의 눈동자가 나의 얼굴에 집중되고, 그들의 귀가 나의 목소리만을 빨아들일 때 그땐 짜릿합니다. 수업 끝내고 나오며 나도 모르게 "아이고, 힘들어." 토해내지만, 그래도 행복합니다.

학교 밖에서 우연히 졸업생을 만날 때가 있습니다. 길가다 마주친 아이가 안녕하시냐고 묻습니다. 나는 그렇다고, 너는 잘 지내느냐고 묻습니다. 아이는 예, 대답하고 담담하게 가던 길을 갑니다. 이럴 땐 좀 그렇습니다.

"경수 쌤~" 큰 소리에 깜짝 놀라 뒤돌아봅니다. 말만한 처녀애들이 뛰어옵니다. 웃는 얼굴 속에 반가움이 가득 담겼습니다. 한 녀석이 나를 와락 끌어안습니다. 한 녀석은 내 손을 잡고 깡충깡충 뜁니다. 내가 아이들에게 반가움의 대상이 될 수 있다는 것! 이런 경험 비록 드물어도 그 순간 보람을 맛보게 됩니다.

아침 8시쯤, 교무실. 인기척이 느껴져 고개 돌려보니 졸업생 한 녀석이 옆에서 배시시 웃고 있습니다. "어, 너 뭐야. 어떻게 왔어?" 스승의 날이라 학교 가기 전에 잠깐 들렀다고 합니다. "지각대장이 용케 일찍 일어났구나." 졸업이나 시킬 수 있을까? 이 녀석 3학년 담임하던 내내 말 그대로 노심초사했는데, 용케 졸업하고 대학 가 열심히 삽니다. 그늘 걷힌 얼굴을 보니 이제 마음이 놓입니다.

교사로서의 아픔이 아이들한테서 오듯이 교사로서의 보람도 아이들에게서 옵니다. 눈에 보이는 유형의 성취를 경험하는 직업을 가진 분들은 우리네 교사들의 보람이 자잘해 보일지 모릅니다. 그러나 우리에게는 그 작아 보이는 보람이 가장 큰 보람입니다.

아이가 이렇게 물으면?

신문에서 읽었는데, 김성근 야구감독님 책에 나오는 얘기라네요. 어느 마을에 가뭄이 너무 심해서 기우제를 지내게 됐답니다. 마을 사람들이 산에 올라 간절하게 기우제를 올리고 내려오는데 비가 퍼붓기 시작했습니다. 그야말로 가뭄에 단비. 사람들은 서로 얼싸안고 좋아라했겠지요. 그런데 막상 집에 가려니 우산이 없는 겁니다. 꼭 한 명, 다섯 살 아이만 우산을 들고 있었습니다. 마을 이장이 아이에게 어떻게 우산 가져올 생각을 다 했느냐고 물었더니, 아이가 "할아버지는 비 내리게 해달라고 빌러 오면서 왜 우산도 없이 왔어요?"라고 되묻더랍니다. 아마도 그 이장님 평생 받아본 질문 중에서 가장 답하기 어려운 질문이 아니었을까 싶네요.

그럴 생각도 없고 그럴 수도 없지만, 제가 만약 아이를 다시 낳아 키우게 된다면, 아이의 질문에 성실하게 답해줄 겁니다. 아무리 고단하고 귀찮아도 엄마한테 물어봐라, 하지는 않을 겁니다. 아이들이 크고 보니 후회되는 게 많은데 그 가운데 하나가 아이들의 물음에 건성으로 대한 겁니다.

이왕이면 산파법이라고 하던가요, 그걸 흉내 내서 아이 스스로 답을 찾도록 도와주고 싶습니다. 그게 학원 몇 곳 내돌리는 것보다 한결 낫습니다. 네댓 살 그 무렵, 아이들은 궁금한 게 참 많지요. "뭐야?"라고 물으면 그나마 대답하기 쉬운데, "왜?"가 이어지면 답하기 힘들죠. 이때 필요한 건 부모의 끈기입니다. 하지만 '왜?'를 해결하는 과정에서 아이가 성장한다는 걸 당신도 아실 겁니다.

아이가 때로 황당하고 화나는 질문을 해도 화내지 말고 영양가 있는 답변을 고민하세요. 질문의 성격이 다르지만, 우리 학교 어느 여선생님이 이럴 땐 어떻게 하면 좋으냐고 묻더군요. 아이가 엄마한테 이러더래요. "엄마 나 학교 끊어줘. 그만 다닐래. 알았지?" 학교와 학원을 구분 짓지 못하는 초등학교 1학년 아이의 당당한 요구입니다. 엄마의 답변이 "안 돼."로 끝나서는 정말 안 된다는 거, 이것도 아시죠?^^ 직장 스트레스 채 털어내지 못하고 퇴근했는데 애가 달려와 이런 소리 하면, "얘가 헛소리하고 있어." 막말 나가기 쉽습니다. 주의해야죠.

학교에서 가끔 어려운 질문을 받게 됩니다. 제가 모르는 건 그냥 모르겠다고 하면 되지만, 답을 알면서도 답변을 어찌해야 할지 고민되는 질문이 있습니다. 예를 들면 이런 거죠. "선생님, 잉글랜드가 영국 어디에 있는 도시에요?" 이럴 때 제가 "야, 이녀석아! 영국이 잉글랜드야. 고등학생이 그것도 모르냐!" 그러면 곤란하죠.

질문은 주로 공부 좀 하는 아이들이 합니다. 그런데 공부가 떨어지는 아이도 수업 중 궁금해지는 게 있으면 묻습니다. 나름 용기를 낸 겁니다. 교사는 아이가 부끄러움 느끼지 않고 배움을 경험할 수 있는 대답을 생각해야 합니다. 엄마들도 마찬가지입니다. "그것도 모르니.", "엄마가 말해줬잖아." 이런 말이 튀어나오지 않도록 조심해야 합니다.

아들 녀석 어릴 때, 한글 막 익혀갈 때였습니다. 서울 나갔다 오는데, 뒷자리에 앉아 종알종알 이정표도 읽고 가게 간판도 읽고 그러더군요. 애 엄마는 건성으로, 아휴 잘 읽네, 우리 아들 똑똑해요, 추임새를 넣습니다. 어느 사거리 빨강 신호등 앞에 차를 멈췄습니다. 저 앞 큰 건물 벽에 붙여 놓은 큰 글씨가 눈에 듭니다. '숙박 30,000원, 대실 20,000원' 모텔이더라고요. 아, 이런, 뒷자리에서 글 읽는 소리가 들려옵니다. "숙박 삼만원 대실 이만원, 아빠! 대실이 뭐야?"

아, 녀석. 숙박이 뭐냐고 물어보지, 왜 대실을 물어보나 그래. 쩝~.

향기로운 선생님

늦더위 여전한 9월의 어느 날, 그대로 여름 산인 설악에 들었습니다. 최대한 가벼운 차림으로 비룡폭포를 향합니다. 정 선생님은 묵직한 배낭을 메고 있습니다.

"수학여행 온 양반이 웬 배낭이야?"

그는 말없이 웃었습니다.

뒤처지는 아이들을 다독거리며 폭포에 도착했습니다. 나보다 먼저 와 있는 정 선생님 주위에 아이들이 모여 있는 게 보였습니다. 기념사진 찍으려고 모인 줄 알았습니다. 그런데 아니더군요. 아이들에게 시원한 생수를 나눠주고 있던 것입니다. 어젯밤, 작은 병에 든 생수를 넉넉하게 사서 냉동실에 얼렸다가 오늘 아침 배낭에 가득 넣어 짊어지고 여기까지 온 것입니다. 목마른 아이들 목 축여주려고, 무릎 아파 불편한 몸으로, 입 꾹 다물고 여기까지 온 것입니다. 바위에 걸터앉아 그이가 준 물을 받아 마시며 저 사람 마음이 하늘이구나, 생각했습니다.

스승의 날이었습니다. 2교시 수업이 끝날 무렵 박 선생님이 당신 반 교실 앞에서 서성이고 있습니다. 수업 끝나기를 기다리는 모양입니다. 뭔가를 들고 있습니다.

붉은빛 선명한 장미꽃 34송이!

스승의 날이 닥치고 보니, 문뜩 아이들에게 미안한 생각이 더 들더랍니다. 좀 더 사랑해주고 좀 더 보살펴 줄 걸, 하는 아쉬움이 들더랍니다. 또 자신을 믿고 잘 따라주는 아이들에게 고마운 마음이 들더랍니다. 아이들이 불러 줄 스승의 은혜 노래 듣기가 송구해서 아침 조회도 들어가지 못했답니다. 남들은 아이들에게 꽃을 받는 날, 그이는 아이들 하나하나에게 예쁜 꽃 한 송이씩 선물했습니다. 얘들아 고맙다, 사랑의 한마디 선물도 더해졌겠죠. 나이는 나보다 어리지만, '하는 짓'은 형님입니다. 저는 지금도 이 사람을 형처럼 의지하며 삽니다.

1학년 독서실에서 야간 자율학습 감독하던 날입니다. 세 아이가 늦게 왔습니다. 복도로 불러내서 늦은 이유를 물어봤어요. 수학 특강 수업받고 교실 정리하느라 늦었다고 합니다. 수학을 잘하는 애들인 줄 알았습니다. 이야기를 더 듣고 보니 수학을 못하는 아이들이었습니다. 대개가 성적 좋은 아이들 등급 더 끌어올리려고 애쓰는데, 이 선생님은 기초학력 떨어지는 애들을 슬그머니 모아 일주일에 사흘씩 야간 수업을 해주고 있던 겁니다. 녀석들은 기쁜 표정으로 말했습니다. "선생님 관심받아보는 거 처음이에요.", "이제는 수학 공부 정말 열심히 할 거예요." 참 신통방통한 이 선생입니다.

바쁜 2월, 몇몇 선생님이 전화기를 두드려 댑니다. 기간제로 일 년 함께 근무하고 곧 떠나야 할 김 선생이 새 학기에 근무할 학교 구해주려고, 이 선배, 저 후배에게 자리 비는 곳 있는지 알아보는 중입니다. 김 선생은 모르고 있네요. 그래도 저 예쁜 기운이 전해져서 좋은 학교 찾게 되리라 믿습니다.

퇴근 후 동료 교사들과 술자리를 함께 할 때가 있습니다. 선생 티 내지 말고 학교 얘기하지 말고 편안하게 한잔하자고 서로들 약속합니다. 전지현, 손흥민, 류현진을 거쳐 정치판 얘기, 영화 얘기…. 그러다가 누군가가, "우리 반 미경이가 요즘 너무 얼굴이 어둡네. 안 좋은 일이 있는 것 같아 걱정이야." 약속을 어기고 아이 이야기를 풀어냅니다. "맞아, 수업하며 보니까 딴생각을 자주 하는 것 같더라구." 누군가 맞장구를 칩니다. 결국, 술자리의 대화는 아이들 걱정으로 모아집니다. 학교 밖에서도 선생들은 아이들 걱정에서 벗어나지 못합니다.

몸이 아파도 조퇴 안 하고 버티는 이유, 병원에서는 하루라도 빨리 수술하라는데 방학 때까지 미루는 이유, 교통사고로 다리 다쳐 입원했다가 의사 만류 뿌리치고 서둘러 학교 나오는 이유. 저쪽 집안에서 12월에 결혼식 하자는데, 굳이 봄방학 하는 2월로 미루는 이유. 학교 선생님들이 이러는 건 아이들을 위해서입니다. 당신 수업 대신할 다른 선생님들에게 미안해서입니다.

꽃향기는 바람을 거스르지 못하지만, 사람의 향기는 바람을 녹이며 사방으로 퍼집니다. 조금일망정, 내 몸에도 그 향이 스몄으면 좋겠습니다.

이런 학부모가 있었습니다

뭔가 일이 있어 우리 반 학생 집에 전화할 때가 있습니다. 아이 엄마가 전화를 받습니다.

"여보세요."

"안녕하세요, 저 용동이 담임입니다."

그러면, 흔하게 듣게 되는 대답이, "찾아뵙지도 못하고 … 죄송해요, 선생님." 정도이지요. 저도 제 자식 담임선생님과 통화하게 되면 이렇게 말하게 되더라고요.

그런데 가끔 머쓱해질 때가 있습니다. "저, 담임입니다, 어머니." 했더니, "네~." 하고 침묵. 또는, "왜요?" 또는 "그런데요?" 이럴 땐, 말문이 막혀 버립니다. 물론, 학교에서 전화 오면 긴장하게 됩니다. 뭔가 안 좋은 일이 있나 보다 생각하기 쉽습니다. 그래도 이왕이면….

세월이 흘러도 잊히지 않는 아이가 있습니다. 세월이 흘러도 기억이 새로운 학부모가 있습니다. 몇 해 전입니다. 학급 애들 둘이 복도에서 장난치다가 사고가 났습니다. 한 아이가 다른 아이를 밀었고, 밀린 아이는 벽에 얼굴을 부딪쳤습니다. 그 바람에 앞니 두 개가 부러지고 말았습니다. 난감했습니다. 이럴 때 담임은 제일 괴롭습니다. 비록 몰랐다고 하더라도 도의적인 책임이 담임에게 있습니다. '더 주의를 줬어야 했는데….' 소용없는 후회도 해 봅니다.

다치게 한 녀석은 고개를 푹 숙이고 할 말을 잃었습니다. 다친 녀석은 "선생님 괜찮아요. 걱정하지 마세요." 하며 씨익 웃습니다. 웃을 때 내보인 아이의 앞니가 흉하게 잘려나가 있었습니다. 다음날, 다친 아이 엄마와 전화로 이야기를 나눴습니다. 그 어머니의 말을 들으며 저는 놀라고 말았습니다.

아이들 다 그러면서 크는 거다, 우리 애 때문에 걱정 끼쳐 미안하다. 아무 걱정하지 마라. 이런 내용이었습니다.

"우리 애가 치아는 참 고르고 예뻤는데…."

이 한 마디에만 자식 다친 엄마의 안타까움을 담았습니다. 끝내 속상함을 내비치지 않았습니다. 위로하려던 제가 오히려 위로를 받고 전화를 끊었습니다.

해가 바뀌어 녀석은 2학년이 되었습니다. 저는 다시 1학년 담임입니다. 3월, 학부모총회가 있던 날입니다. 총회 거의 끝나갈 무렵 담임들은 모두 교실로 들어갔습니다. 저도 우리 반 교실에서 곧 오실 학부모들을 기다리고 있었습니다.

교실 뒷문이 열리면서 어느 분이 들어오십니다. 낯이 익다 싶었습니다. 작년에 담임했던, 이를 다쳤던 녀석의 어머니였습니다. 새 담임선생님 만나기도 전에 헌 담임에게 인사하러 오신 겁니다. 제가 몇 학년 몇 반 담임인지 알아보고 일부러 교실까지 찾아오신 정성이 고마웠습니다. 쉬운 일 같지만, 결코 쉬운 일이 아닙니다. 앞으로도 오랫동안 그 어머니와 그 아이를 기억하게 될 것입니다.

우리 아이가 그럴 리 없어요

영국 어느 시의회의 교육위원회가 그 지역 학교의 교실에 CCTV를 설치하려 한다는 기사를 읽었습니다. 여기까지 읽었을 때는 교사의 수업 활동에 대한 감시이자 통제를 위해서라고 해석했습니다. 그런데 시의회가 밝힌 CCTV 설치 목적은, 선생님 말씀 안 듣고 장난치고 사고 치는 아이의 학교생활을 녹화해서 그 아이 부모에게 보여주기 위해서라고 합니다.

친구들을 괴롭히는 학생의 부모에게 그 사실을 말해주면 한결같이, 우리 애가 그럴 리 없다, 왜 우리 아이를 나쁜 애로 모느냐, 라며 믿지 않는다고 합니다. 그래서 그 증거로 녹화물이 필요하다는 얘기지요. 이 얘기가 사실이라면 영국의 교육도 참 걱정입니다.

'우리 애가 그럴 리 없다.'는 학부모 반응은 우리나라도 비슷한 것 같습니다. 교사가 부모에게 아이의 바람직하지 못한 언행에 관해 이야기하면 대부분의 부모는 충격을 받습니다. 유치원 때는 안 그랬는데, 중학교 때는 공부 잘했는데.

아이의 성격을 다르게 알고 있는 경우도 있습니다. 어느 학부모에게 "윤희가 붙임성이 있어요. 표정도 아주 밝고, 저한테 말도 잘 걸어요." 이렇게 말한 적이 있습니다. 그랬더니 깜짝 놀라시며 "예? 우리 애가 밝아요?" 하고 되묻는 겁니다. 집에서는 늘 찌푸리고, 말도 거의 안 해서 학교에서도 그런 줄 알았다고 하시더군요.

세상에서 아이를 가장 잘 아는 사람은 그 아이의 부모입니다. 그렇지만 너무 가까이 있는 자식이기에 잘 모르는 것이 있게 마련입니다. 아이들은 커가면서 열 번 다시 된다는 말이 있습니다. 중학생이 되고 고등학생이 되면서 외모와 함께 성격도 바뀔 수 있습니다. 아이의 성적표에만 신경을 모으기보다는 커가는 아이의 변화하는 모습에도 관심을 가져야 합니다.

때로는 학교 담임이 부모보다 더 정확히 아이를 파악하기도 합니다. 고등학생쯤 되면 부모와 함께하는 시간보다 담임과 함께하는 시간이 더 많기 때문이지요. 자녀의 선생님과 상담하시게 되면 아이의 성격이 어떤지 대인관계나 학교생활은 어떤지 꼭 물어보세요. 그리고 아이의 건강문제에 대해서도 상의하세요.

집에서 새벽에 나와 잠잘 때 들어가는 수험생의 부모라면, 아이의 건강을 체크하기가 어렵습니다. 피곤해하는 모습만 보게 되니까, 그냥 그러려니 넘어가기 쉽습니다. 담임은 아침부터 저녁까지 아이를 봅니다. 자주 보건실에 간다거나, 수업시간에 자꾸 잔다든가, 배 아프다며 점심을 여러 날 거른다든가, 얼굴빛이 안 좋다던가, 아이의 이상 징후를 알게 됩니다. 그렇다고 매번 아이의 부모에게 전화를 걸기도 어렵습니다. 언제나 건강이 중요해요. 고3이면 그야말로 체력전 아닙니까.

"그래서, 학교에 가보고 싶은데, 우리 애가 공부를 너무 못해서요."

적지 않은 학부모가 이런 생각을 하는 것 같습니다. 애 공부 못하는 것이 부끄럽습니까? 민망하세요? 그렇다면 잘못된 생각입니다. 담임선생님들은 1등 하는 아이의 엄마를 1등 엄마로, 30등 하는 아이의 엄마를 30등 엄마로 보지 않습니다. 1등 아이 예뻐하고 30등 아이 미워하지도 않습니다. 30등 아이도 1등 아이가 갖지 못한 장점을 갖고 있게 마련입니다. 담임선생님과의 상담이 더 절실한 이는 바로 30등 아이의 엄마입니다.

담임선생님 좋은 분 같더라

점심시간, 밥 먹고 교무실로 가는 데 사내아이들 몇이 뛰어옵니다. 이마가 맞닿을 만큼 가깝게 오더니, "선생님 저 국사 60점 넘었어요." 의기양양한 표정으로 자랑합니다. 얼굴엔 그야말로 웃음꽃이 피었습니다. 다른 아이가, "얘, 국사 시험공부만 했어요." 라며 거듭니다.

저는 함께 웃으며 축하해줬습니다.

"기말고사에서 90점 맞으면 선생님이 뽀뽀해줄게."

"으악, 선생님 변태."

녀석은 공부하는 걸 아주 싫어했습니다. 시험 점수가 10점 나오건, 20점 나오건 신경 쓰지 않던 아이입니다. 시험시간 답안지에 1, 2, 3, 4, 3, 2, 1, 마음 내키는 대로 적어놓고 잠자는 데 익숙했던 아이였습니다.

그런데 고등학교에 들어와서 국사 수업에 재미를 붙였던 모양입니다. 안 하던 공부를 하려니 얼마나 힘들었겠어요. 자기 힘으로 노력해서 60점을 넘고 보니 몹시 기뻤던 것입니다. 100점 맞은 아이보다 더 예쁘고 더 고마운 아이입니다. 이런 아이가 한 명이라도 있으니 저는 행복한 교사입니다.

처가에 갔다가 완두콩을 가져왔습니다. 장인어른께서 정성스럽게 가꿔 알이 탐스럽습니다. 작은 애가 윤기 흐르는 완두콩을 보더니 조금만 담아달라고 합니다.

"뭐하게?"

"우리 선생님 드리게."

다음 날 아침, 아이는 콩과 책이 담긴 가방을 메고 학교에 갔습니다. 담임선생님을 좋아하는 것 같아 다행입니다.

한겨울 추위에 초등학교 1학년 여자아이가 치마를 입고 학교에 왔습니다. 집에서는 엄마와 한바탕 전쟁을 치렀죠.

"추운데 왜 치마 입겠다고 고집이니?"

"우리 선생님도 치마 입었단 말이야."

아이들은 제 담임교사가 좋으면 선생님의 모든 걸 따라 하려 합니다. 옷도 비슷하게 입으려 하고, 머리 스타일도 선생님을 닮으려고 합니다. 글씨까지 선생님 글씨체를 흉내 냅니다. 이런 아이들은 수업도 열심히 듣습니다. 그래서 공부도 더 잘하게 되지요. 물론 선생님을 좋아하지 않으면 반대의 결과가 나오기도 합니다.

여러분도 생각해보세요. 초등학생 때의 기억은 가물가물해도 중·고등학교 때의 모습은 금방 떠오를 겁니다. 좋아하는 선생님 과목은 수업에 열중하고 시험도 더 잘 보려고 애썼죠? 그렇습니다. 아이들이 선생님을 좋아해야 할 이유입니다. 아이들이 선생님을 믿고 따르게 하는 데는 그 선생님의 역할이 중요하지만, 엄마의 역할도 무시할 수 없습니다.

세상에서 한심한 부부는 자식 앉혀놓고 제 아내 흉보는 남편, 제 남편 흉보는 아내입니다. 세상에서 '한심한 엄마'는 어린 아이 앞에서 담임선생님 흉보는 엄마입니다. 여러분이 학교에서 아이의 담임선생님을 만나 인사하고 대화하고 나면 느낌이 있을 겁니다. '올해는 우리 애가 담임 복이 있겠구나.' 흐뭇한 경우가 있고, '아이고, 무슨 선생이 저래.' 실망하는 경우도 있습니다.

아이 담임선생님이 마음에 들지 않아도 아이 앞에서 "니 선생님 별로더라." 식의 부정적인 이야기는 자제하시는 게 좋습니다. 중요한 건 엄마의 느낌이 아니라 아이의 느낌이니까요. 아이가 엄마의 영향으로 담임선생님을 불신하게 되면, 공부를 제대로 안 하게 될 수도 있습니다.

아빠 손을 그려오렴

어릴 때는 그렇게 아빠를 좋아하던 아이들이 머리가 커가면서 아빠를 데면데면하게 대합니다. 때로는 무시하기도 합니다. 자식들 먹이고 입히고 가르치려고 얼마나 애쓰고 사는데…. 아내에게 무시당한다면 그러려니 참을 수 있지만, 자식에게 외면당하는 건 너무 서운하고 억울합니다. '나야말로 집안의 왕따지.' 이런 생각이 들 땐, 쓴웃음만 나옵니다.

아내 여러분, 남편의 기운을 북돋아 주세요. 아빠의 존재를 아이들이 알게 해주세요. 방법이 여러 가지 있겠지만, 하나만 알려드릴게요.

"엄마, 나 100점 맞으면 자전거 사줘."

아이가 이런 요구를 할 때, "물론이지, 100점만 받아 와." 그러지 말고, "아빠한테 허락받고 사줄게." 이렇게 한번 말씀해보세요. 달라지는 게 있을 겁니다.

아빠 여러분, 자녀가 섭섭하게 대한다고 서글퍼하지 마요. 아이들이 비록 무뚝뚝하고 퉁명스러워도 아버지에 대한 고마움과 미안함을 마음속에 가지고 있습니다. 겉으로 표현하지 못할 뿐입니다. 아빠가 어떤 일을 하든, 바르고 성실하게 살아가는 모습만 보여준다면 자식들은 아빠를 존경합니다.

여러 해 전입니다. 어떤 교육 잡지에 아이들에게 내주는 여러 가지 숙제를 소개한 글이 있었습니다. 초등학생용이었는데, 그 가운데 부모님 손을 자세히 보고 그대로 그린 후, 느낀 점을 쓰라는 것이 눈에 띄더군요. 저는 고등학교 학생들에게도 의미있는 과제가 되겠다고 생각했습니다. 그래서 요즘도 가끔 아빠 손을 그려 오라는 숙제를 내줍니다.

대부분의 아이가 이때 처음으로 아빠 손을 유심히 보게 됩니다. 나름대로 느낌이 없을 리 없지요. 새삼스럽게 아빠에 대한 고마움과 사랑을 확인하기도 합니다. 아이들이 써낸 글 가운데 가슴이 찡했다는 표현이 여럿 나옵니다. 흉터투성이 아빠 손을 그려낸 사내 녀석은, 아빠가 힘들게 일하는 걸 당연하다고 여겨왔던 자신을 반성하면서 앞으로는 돈을 헤프게 쓰지 않겠다는 다짐을 적었더군요.

'아빠 손을 그리는 숙제를 해야겠다고 마음먹었을 때, 아빠와 별로 친하지 않던 나는 어떻게 숙제를 할지 막막했는데'로 시작한 어느 여학생의 글은 '앞으로 이런 숙제가 자주 있었으면 좋겠다. 그래야 이런 핑계 대고 아빠랑 친해질 수 있게.'로 끝났습니다. 복도에서 만난 어떤 여자아이는 "아빠 손 그리면서 울었어요, 선생님." 하면서 눈물까지 글썽이더군요. 이쯤 되면, 숙제 내준 목적을 100% 달성한 셈입니다.

그런데 종종 아빠에 대한 숨겨진 증오를 드러내는 아이들도 있습니다. 어느 반에선가 숙제를 설명해주고 “못해 올 사람 없지?” 하고 물었더니 한 녀석이 손을 듭니다. 못해 올 이유를 물었더니 “싫어요, 그냥 싫어요.” 그러는 겁니다. 착한 아이였는데, 싫다고 말하는 순간의 눈빛이 섬뜩할 만큼 차가웠습니다. 아버지 손을 만져보기조차 싫었던 겁니다. 저는 슬며시 물러났죠. “그럼 엄마 손을 그려 와라.”

아빠 손을 그린 후 느낌을 이렇게 쓴 녀석도 있었습니다.

“아빠께서 바쁘신 관계로 자세히 그리지는 못했다. … 아빠 손등에는 상처가 있었다. … 하지만 의외로 아빠의 손은 예뻤다. 그래도 난 아빠를 좋아하지 않는다.”

아빠를 증오하는 이유가 뭘까? 너무 바빠 자식에게 시간 내주지 못하고, 많은 관심을 보여주지 못한다고 해서 아빠를 끔찍하게 싫어하지는 않을 겁니다. 뭔가 다른 사연이 있겠지요.

‘자식에게 부끄럽지 않게 살기!’

우리 아빠들의 영원한 숙제입니다. 탤런트 신구 선생님의 인터뷰 기사를 읽었습니다. 그 일부를 소개합니다.

> 내가 내 아들에게 바라는 것은 정직하고 약속을 잘 지키는 사람이 되었으면 하는 것이지만, 지금까지 단 한 번도 아들을 앉혀놓고 그런 말을 해본 적이 없어. 내가 그렇게 사는 걸 보여주는 게 최선인 거지. 실제로 내가 모범을 잘 보이고 있는가 생각하면 마음이 무겁지만…. 아버지들은 아마 다 마찬가지일 거야.

_〈동아일보〉 2002. 9. 19.

가장 큰 상처는 가장 가까운 곳에서

"가족은 인간관계가 시작되는 곳이지만 사람 사이에 상처를 주고받는 일이 시작되는 곳이기도 하죠. 가장 큰 상처는 가까운 사람으로부터 입기 때문입니다."

영화감독 이수연 씨의 말입니다. 그렇습니다. 관계가 먼 사람이 한 말은 꽤 심한 소리라도 어렵지 않게 흘려보낼 수 있습니다. 그러나 가까운 사람이 던진 한마디는 두고두고 가슴의 통증으로 남을 때가 있어요.

부모가 별생각 없이 하는 말이 아이에게 지울 수 없는 상처가 되기도 합니다. 특히 감정을 절제하지 못하고 퍼붓는 몇 마디에 아이들은 절망합니다. 내색하지 않으면서 속으로 아파하는 아이들의 모습을 떠올려 보세요. 아무리 속을 썩여도 아이의 자존심을 건드리는 언행은 자제해야 합니다.

"네가 잘하는 게 뭐 있어?"

아이들은, 부모에게 이런 소리를 들을 때 살고 싶지 않다고 해요.

"꼴도 보기 싫어. 나가!"

너무 위험한 꾸지람입니다.

"언니 좀 닮아라. 너만 왜 그 모양이니?"

아이들은 누구랑 비교하는 걸 아주 싫어합니다. 특히 형제끼리 비교하는 걸 더 싫어합니다.

여러분도 남편이나 아내가 당신을 남과 비교하면 싫을 겁니다.

"옆집 영숙이네는 해마다 제주도 간다는데 우린 이게 뭐야. 신혼여행 때 가보고 15년 살 동안 한 번도 못 가봤어. 어휴! 내 복에 무슨…." 자, 이런 소리 들으면 정말 괴롭죠?

"공부 좀 해라, 공부. 도대체 뭐가 되려고 그러니?"

고전이 되어버린 잔소리입니다. 아이들은 한 말 또 하고, 또 하는 잔소리에 짜증을 냅니다. 우리 부모들은 이렇게 외치고 싶죠.

"한번 말해서 잘 들으면 두 번 세 번 똑같은 말 자꾸 할 부모가 어딨냐!"

애들 혼내는 것도 기술이 필요한 것 같습니다.

그럼, 아이들을 기분 좋게 하는 말은 뭘까요?

"아빤, 우리 딸을 믿어.", "역시 내 아들이다!", "고맙다.", "미안하다."

자식에게도 고마움과 미안함을 표현하는 게 좋습니다.

이건 비밀인데요, 애들 학교 와서 지들 선생님한테 별별 얘기 다 해요. 초등학생만 그런 게 아닙니다. 고등학생도 그러는 애 많습니다. 집에서 있었던 일, 엄마 아빠 싸운 일, 기타 등등. 묻지도 않는데 술술 이야기합니다. 심지어 "울 엄마는 빽 하면 저보고 ××년, △△년이래요. 욕쟁이 엄마예요." 같은 고자질도 합니다.

저도 어릴 때 상처받은 적이 있습니다. 네 살 때쯤에 이런 일이 있었습니다. 아니, 있었다고 해요. 기억에 별로 남아 있지 않지만, 어머니께서 말씀해주셔서 알게 된 일입니다.

제가 어머니를 몹시 속상하게 했습니다. 집안을 엉망으로 만들었다던가, 뭐 그 나이 때 저지를 수 있는 사고를 쳤던 거겠죠. 다른 일로 화가 나 있던 어머니는 저를 혼냅니다. 그러면서 "나가 죽어!" 하고 고함을 치셨죠.

집안일로 정신없던 어머니는 해가 질 무렵에야 제가 사라진 걸 알았습니다. 불길한 생각을 억누르며 저를 찾기 시작합니다. 온 동네를 돌며 "경수야!"를 외치는 사이 어둠이 내렸습니다. 땀과 눈물이 범벅되어 흐르는 밤, 어디선가 작은 목소리가 들려옵니다.

"응, 엄마. 여기…."

제가, 공사장에 쌓여 있는 높다란 모래산 꼭대기에 쪼그리고 앉아 있더랍니다. 엄마는 미친 듯이 기어올라 저를 끌어안고 울었습니다. 울다가 물었지요. 왜 여기 있느냐고. 제 대답이 뭐였는지 아십니까?

"엄마, 죽어지지가 않아."

쑥쑥 빠지는 모래의 속성을 알기에, 산처럼 높은 모래더미 위에 올라가면 몸이 스르르 모래 속에 잠길 거로 생각했던 모양입니다. 엄마가 나가 죽으라고 했으니까 죽어야 할 것 같다는 생각, 모래 위에 올라가면 아프지 않게 죽을 수 있을 거라는 생각도 했을 겁니다. 그렇다면, 이건 '자살 미수'입니다. 네 살짜리의 자살 미수 사건!

가까운 사람일수록 상처받기 쉽습니다. 사소한 한마디 말이 가슴을 찌르기도 합니다. 부부싸움 왜 하게 되던가요? 별것도 아닌 말 한마디가 상대방 기분을 상하게 하면서 싸움이 되지 않던가요? 네 살 때의 저야 워낙 착하니까(?) 엄마를 위해 죽어줄 생각을 했겠지만, 그래도 마음의 상처는 상처였을 겁니다.

너무 화가 나서 격한 감정에 자식에게 심한 말을 했을 경우, 우리는 그것이 진심이 아님을 압니다. 그냥 홧김에 하는 소리인 것도 압니다. 그래서 내 자식이 부모의 진심을 헤아려 주기를 기대합니다. 더 욕심을 내면 아이가 자신의 잘못을 반성할 수 있기를 기대합니다. 그러나 욕심일 뿐입니다. 아이는 오히려 부모에 대한 반항심을 키워가기 쉽습니다.

애 때문에 속상할 땐, '우리 애보다 더한 애들이 많다.', '이보다 더 심하지 않은 것이 다행이다.' 이렇게 생각해 보세요. 마음의 여유를 찾게 됩니다. 그리고 자식을 혼낼 때는 냉정해지도록 노력하세요. 아이들과 생각이 다를 수 있음을 인정하세요. 겨울날, 길 가는 나그네는 바람 불지 않기를 희망하지만, 연 날리는 꼬마는 바람 불어주기를 기대하는 법입니다.

자식의 말 때문에 엄마가 상처받기도 한다고요? 그렇죠. 애가 이렇게 말하면 엄마는 참 속상합니다. "엄만 몰라도 돼!"

학원 공부, 학교 공부

많은 아이가 학원에 다닙니다. 대부분의 학원에서 소위 '선행학습'이라는 걸 합니다. 학교 진도보다 앞서 가는 '예습'의 의미이지요. 옛날부터 공부 잘하는 방법으로 가장 많이 말해져 온 비법이 '예습, 복습 잘하기'였으니 선행학습 자체가 나쁘다고만 할 수 없습니다. 그런데 '예습'의 목적이 무엇인가요? 본 수업을 제대로 소화하기 위함입니다. 학원에서 행한 '선행학습'이 빛을 발하기 위해선 학교 수업에 충실해야 합니다. 지극히 당연한 사실입니다. 학원에서 배운 내용이 학교 수업에서는 어떻게 전개되는지 비교해보면서 학교 공부를 충실하게 할 때 '진짜 실력'이 쌓이는 것입니다.

학원 다니는 아이들 가운데 학교 수업에 소홀한 애들이 있습니다. 다 아는 거라 흥미를 느끼지 못한다고 합니다. 그러나 학원에서 한 번 배워 '다 아는' 아이는 극히 드뭅니다. 대부분의 아이가 '다 안다고 생각'할 뿐이지 정말로 아는 것이 아닙니다.

알지 못하는 것을 안다고 생각하며, 그날그날 학교 수업을 흘려버리면 안타까운 일이 벌어질 수 있습니다. 고리타분한 결론입니다만, 모든 공부의 기본은 역시 학교 수업입니다. 정말로 '다 아는' 아이에게도 학교 수업은 여전히 기본입니다. 기본이 튼튼하면 흔들리지 않습니다. 높이 쌓아도 무너지지 않습니다.

제 속으로 학원 강사를 무시하던 때가 있었습니다. '니들이 교육을 알아?' 하는 식이었지요. 학원 강사를 그저 돈 벌기 위한 지식 장사꾼으로 여겼습니다. 진정한 교육은 학교에서만 이루어진다고 생각했습니다. 하지만 제 생각이 옹졸했음을 이제는 압니다. 요즘 학원은 나름의 인성교육과 생활지도도 이루어지는 또 다른 교육공간입니다.

학생들은 종종 말합니다. 학교 선생님보다 학원 선생님이 더 잘 가르친다고. 아이들이 그렇게 생각할 수 있습니다. 사실 학원 선생님들은 학교 선생님들보다 가르치는 여건이 양호합니다. 가르치는 일에 전념할 수 있기 때문이지요. 또 비슷한 수준의 아이들을 가르치고 있다는 것도 행운입니다. 학교보다 진도를 앞서 나감으로써 학생들의 수업 집중력을 높여가기도 합니다.

그런데 대개 학원에서는 문제 잘 푸는 방법을 중심으로 강의가 진행되는 것 같습니다. 종합적인 이해 없이 이런 유형의 문제는 이렇게 풀고 저런 유형의 문제는 저렇게 푼다는 것만 배우고 익히면 곤란합니다. 한계가 분명합니다.

교육을 먹는 것에 비유한다면, 학교 교육은 밥과 김치이고 학원 교육은 비타민입니다. 밥 먹는 게 부실한 것 같아 비타민으로 몸을 보강할 수 있지만, 밥과 김치를 무시하고 비타민만 먹어대면 몸이 망가집니다.

안다고 정말 아는 것이 아니다

약사 친구가 있습니다. 무슨 얘기 끝에 제가 "너희 집 애들은 아프지 않겠다. 아빠가 좋은 약 많이 챙겨 먹일 테니." 하고 말했죠. 그랬더니 친구의 대답이 걸작이더군요. "선생 네 애들은 다 1등 하냐?" 그 소리를 들으니 말문이 막히더라고요.

선생 네 아이는 다 공부 잘할까? 당연히 아니죠. 잘하는 애도 있지만, 그렇지 않은 애도 많습니다. 그런데 의외로 적지 않은 분들이 '그래도 선생 네 애들은 뭐가 달라도 다르겠지.' 하고 생각하는 모양입니다. 자신이 교사니까, 집에서도 제 자식을 잘 가르칠 거라고 믿는 겁니다. 자식 사랑이 각별한 교사는 퇴근 후 아이를 앉혀놓고 공부 지도를 할 겁니다. 하지만 대부분의 교사는 그렇게 하지 못합니다.

교사는 말하는 직업입니다. 온종일 학교에서 수업하고 일하고 퇴근해 집에 오면 지치거든요. 집에선 한마디 말도 하기 싫을 때가 많아요. 그냥 입 다물고 조용히 쉬고 싶답니다. 집에서까지 자식 놈 앉혀놓고 공부시킬 맘 먹는 거, 쉽지 않습니다. 내 자식 잘 키우겠다고 직장 생활하는 건데 정작 자식 놈 공부에 신경 쓰지 않는 게 모순 같지만, 현실이 그렇습니다.

> 자녀가 공부를 열심히 하는 모습을 보고 있노라면 밥을 먹지 않아도 배가 부르고, 기말시험에서 좋은 성적을 받아오면 박봉에 고생한 땀이 사라지는 듯 시원한 것이 부모의 마음이다. 머리가 나빠서 공부를 못하는 것인지, 환경이 좋지 않아서인지, 아니면 방법을 몰라서인지 도무지 알 수가 없다. 옆집 공부 잘하는 아이 엄마에게 귀동냥을 하지만 그때마다 늘어나는 것은 학원의 수뿐, 도무지 성적은 오르지 않는다. 회사 일에 바쁜 남편은 나도 어릴 때 공부 안 하다가 나중에 철들어서 했으니까 우리 아이도 그럴 거라고 말하지만, 세상이 예전과 다르다는 것을 모르는 남편을 설득하기란 쉽지 않다. 잔소리하는 시어머니, 박봉의 남편과 더불어 공부 못하는 아들을 바라보자면 대한민국 어머니의 마음은 편할 날이 없다. _〈경향신문〉 2012. 4. 10.

"내 얘기네, 내 얘기."

신문을 읽다가 집사람이 한 마디 툭 던지더군요. 자식 공부 잘하기를 바라는 건 세상 모든 부모의 마음입니다. 그러나 공부 잘하는 자식보다 그렇지 않은 자식이 많은 게 현실입니다. 어떻게 하면 공부 잘할까? 저도 그걸 잘 모르겠네요.

공부 잘하는 길이 딱 정해져 있고 그걸 제가 알 수 있다면 아이들 다 명문대학 보냈게요. 설사 안다고 해도 정작 공부를 실천해야 하는 것은 제가 아니고 아이들입니다. 그렇지 않은가요? 어떤 엄마는 '차라리 내가 공부하는 게 낫겠다.' 가슴을 칠지도 모릅니다. 그래도 어찌 됐든 공부 잘하는 방법은 있을 겁니다. 그 가운데 하나만 짚어보죠. 기본에 충실히 하는 겁니다. 예습과 복습 중에 뭐가 더 중요하냐고 물으시면, 저는 복습이라고 대답하렵니다.

앞에서 저는 아는 것과 '안다고 생각하는 것'의 차이를 말했습니다. 제대로 알지 못하면서 안다고 생각하는 것이 공부 못하는 지름길입니다. 아는 것과 모르는 것을 구분하고 복습을 반복하는 것, 소중한 공부법입니다. 저만 이런 생각을 하는 게 아니더군요. 신문에서 '메타인지'라는 생소한 단어를 만났습니다. 긴 글이라 제가 임의로 압축했는데, 한번 읽어봐 주세요.

한 방송사에서 전국모의고사 석차가 0.1% 안에 들어가는 학생들과 성적이 평범한 학생들을 비교하는 실험을 한 적이 있다. …두 집단 사이에 확연한 차이가 드러나는 부분은 IQ나 집안환경, 공부하는 시간이 아니라 '메타인지'였다. 0.1% 아이들의 메타인지가 훨씬 높았다. … 메타인지Metacognition란 자신의 '인지활동에 대한 인지' 즉, 자신의 인지능력에 대해 알고 이를 조절할 수 있는 능력을 말한다. 다시 말하면 내가 무엇을 모르고 무엇을 아는가를 아는 인지능력이다. 한 단계 고차원을 의미하는 '메타'와 어떤 사실을 안다는 뜻의 '인지'를 합친 용어다. … 전희일 소장은 "메타인지 능력을 키우려면 선행학습이 아닌 복습을 제대로 해야 한다."고 강조했다. 그는 "목표설정과 학교공부 집중, 복습에 중점을 둘 것 등 세 가지만 지키면 메타인지는 절로 키워진다."며 "모두들 알고 있지만 실천을 하지 않는 것이 문제"라고 말했다. 이어 "학원에서 선행학습 중심으로 공부하다 보면 제대로 모르면서도 안다는 착각에 빠지기 쉽다."면서 "과도한 사교육에 노출된 아이들은 시켜서 하는 공부에 익숙해져 스스로 공부할 줄 아는 능력도 저하된다."고 지적했다. … 이규민 교수는 부모들이 자녀의 능력을 믿고 기다려야 한다고 말했다. 이 교수는 "아이들은 모두 자기주도적 학습능력이 있는데, 학부모들이 이를 인정하지 않고 학습계획을 모두 짜놓는다."면서 "아이들 스스로 전략적 사고를 할 기회가 없으면 아이들의 메타인지는 퇴보한다."고 말했다. _〈경향신문〉 2012. 2. 28.

사람에게는 욕심이 있습니다. 욕심은 뭔가를 성취하는 힘이 되기도 합니다. 과욕은 그렇지 않습니다. 아이 교육에 적절한 욕심을 갖되 과욕에 들지 않도록 주의합시다. 그리되면 무엇보다 아이가 불행해집니다. 교육전문가가 말씀하셨잖아요. 부모가 너무 아이 공부에 관여하면 메타인지가 퇴보한다고.

아이가 기본에 충실한 공부를 할 수 있도록 돕는 데서 그칩시다. 아이를 믿어봅시다. 혹시 당신이 아이 교육에 과도한 열정을 쏟고 있다면, 조금 덜어서 당신 자신을 위해 써보세요. 새로운 세상이 열립니다. 아이도 당신도 행복해집니다.

사립고? 공립고? 우리 아이 어디 보낼까

우리 아이 고등학교를 어디로 보내나, 고민하는 분들이 계실 겁니다. 비평준화 지역은 특히 그렇지요. 분위기가 공립 같은 사립이 있고 사립 같은 공립도 있고, 관리자와 당시 구성원들의 역량에 따라 학교 전체 모습이 바뀌기도 하고, 아무튼 그래서 어디가 더 좋다고 단정 지어 말할 수 없습니다.

같은 듯하면서도 다른 공·사립의 대략적인 특징은 이렇습니다.

우선 공립 중·고등학교 교사는 각 시도 교육청에서 학과목별 임용고사를 통해 선발합니다. 면접과 수업 평가도 이루어지지만, 필기시험의 영향력이 절대적입니다. 필기시험은 교육학 그리고 전공과목입니다. 응시자가 어느 대학 출신인지는 따지지 않습니다. 전국의 수많은 사범대학에서 해마다 졸업생이 배출되고 일반 학과에서 교직과목을 이수해 교사자격증을 취득한 졸업생도 많아서 임용고사 경쟁률이 매우 높습니다. 각 학교는 원칙적으로 교사 선택권이 없고 교육청의 발령 명령에 따라 임용고사 합격자를 교사로 받게 됩니다.

사립 중·고등학교 교사 선발은 때에 따라 그 형식이 변합니다만, 원칙적으로 학교 재단에서 자체적으로 선발합니다. 사립의 교사 선발 과정은 서류 평가, 필기시험, 수업 평가, 면접 등으로 이루어집니다. 일차적으로 서류 심사가 통과돼야 다음 단계에 참여할 수 있기에 서류가 중요합니다. 보통 고등학교 생활기록부, 대학교 성적, 자기소개서를 평가합니다. 제 개인 생각으로는 어느 대학 출신인지도 적지 않은 영향을 끼치는 것 같습니다.

사립에서 교사 선발 최종 결정은 면접을 통해 재단 이사장이 합니다. 면접에서는 교사로서의 인성과 사회성 등을 평가합니다. 학교에 따라 실질적인 결정권을 이사장이 행사하기도 하고 학교장이 결정하기도 합니다. 과거 사립학교 선발 과정에 잡음이 많았습니다. 교사 임용 조건으로 거액이 오가는 경우가 흔했습니다. 그러나 지금은 엄격하고 공정한 선발이 이루어집니다. 물론 그렇지 못한 학교도 여전히 있겠지요.

공립학교 교사는 한 학교에 오래 근무할 수 없습니다. 4년 정도 근무하면 다른 곳으로 옮겨가야 합니다. 본인이 희망할 경우 1, 2년만 근무하고 다른 학교로 전근 갈 수도 있습니다. 그래서 해마다 학교 구성원의 변동이 꽤 있습니다. 심한 경우 한 학교 교사가 1/3 이상 바뀌기도 합니다. 새로운 활력과 생동감이 느껴집니다. 하지만 교사 구성원들이 자주 바뀜으로써 교육의 지속성과 연계성이 떨어질 가능성이 있습니다. 정들었던 1학년 때 담임선생님을 2학년 돼서 볼 수 없는 경우가 자주 발생합니다.

또 지역에 따라, 한 학교에 나이 많은 교사들이 지나치게 많고 젊은 교사가 거의 없는 경우가 생기기도 합니다. 공립학교에서 교사가 교감, 교장으로 승진하기 위해서는 갖춰야 할 여러 가지 조건이 있습니다. 그 가운데 하나가 벽지·오지에서의 근무 경력입니다. 벽지 근무를 신청하는 교사들이 대개 승진 요건을 갖춘 경력자들이기에 그분들이 주로 발령받는 벽지 학교에서는 젊은 선생님 보기가 어려워지는 것이죠(물론 시기에 따라 승진 관련 정책이 바뀌기도 함).

예를 들어 인천광역시의 교사가 벽지 점수를 받을 수 있는 곳은 강화군과 옹진군입니다. 옹진군에 속한 섬들에 있는 학교는 출퇴근이 어려워 강화도 학교들이 인기 있습니다. 강화군에 있는 학교마다 또 점수가 다릅니다. 점수가 높은 학교일수록 교사 평균 연령도 높은 편입니다. 나이 든 교사가 많다고 해서 문제 될 것은 없습니다. 풍부한 경험을 바탕으로 교육에 열중하면 그보다 더 좋은 것이 어디 있나요. 다만 '강화에서 대충 2년만 시간 때우고 인천시내로 들어가자.' 하는 교사가 있을 때, 그게 문제인 것입니다.

사립학교는 교사 이동 폭이 작습니다. 교사 본인이 다른 학교로 옮겨갈 의지가 없으면 퇴직할 때까지 한 학교에서 근무합니다. 한 직장에서 30년! 드문 것 같지만, 사립학교에서는 흔한 일입니다. 학교에 따라 교사 연령층이 너무 높을 수도 있습니다. 사립학교는 또 교사가 매너리즘에 빠질 가능성이 상대적으로 높습니다. 공립과 달리 학교 간 교류가 별로 없어서 '고인 물'이 되기도 쉽습니다.

하지만 교육의 지속성과 일관성이 유지되며 무엇보다도 '이 아이들 교육을 책임진다.'는 의지가 상대적으로 강하다고 할 수 있습니다. 그럴 수밖에 없는 것이, 한 아이 가르치고 나면 그 아이 동생 또 가르치게 되고 그러다 보면 제자의 아들딸까지 가르치게 됩니다. 시골 학교는 더 그렇습니다. 수업 대충, 학급 운영 대충, 봉급이나 타 먹고 있다는 인상을 학생에게 주게 되면 그 이미지가 결국 그 학생의 자식에게까지 이어집니다. 매너리즘에서 벗어나는 자극제가 됩니다.

공·사립 관계없이 동네에 있는 두 학교 중 어느 곳을 택해야 할까? 결정이 쉽지 않으시면 두 학교 다 한번 가보세요. 교정도 거닐어보시고 오가는 학생들의 표정도 살펴보시고 교무실에 들어가 담당 선생님과 상담도 해보세요. 그럼, 끌리는 학교가 분명 있을 겁니다. 자녀와 함께 가보면 더욱 좋겠죠.

이 선생! 당신 아이는 공립 보냈소, 사립 보냈소? 저희 두 아이 모두 공립입니다. 저도 집사람도 공립 고등학교 졸업했고요. 제 집사람은 지금 공립 교사고 저는 사립 교사입니다. 자, 여기서 굳이 하나를 정해야 한다면, 제 경험상 사립 고등학교가 공립 고등학교보다 쪼끔 낫다고 말씀드립니다. 어쩔 수 없이 팔이 안으로 굽네요.

그 학교는 서울대 몇 명 보냈대?

어느 고등학교에 방송국 기자가 꿈인 여학생이 있었습니다. 공부를 아주 잘해서 3개 학년 모든 과목 내신성적이 다 1등급이었습니다. 공부만 한 것이 아니라 방송 관련학과 입학에 도움이 되는 다양한 교내외 활동을 풍부하게 했습니다. 인성, 리더십, 봉사정신, 말솜씨, 모든 면에서 부족함을 찾을 수 없었습니다. 생활기록부에는 이 아이가 기자가 될 수밖에 없는 운명을 타고난 아이처럼 기록됐습니다. 당연했습니다.

이 아이는 서울대학교 언론정보학과 입학을 간절히 원했습니다. 수시 전형을 앞두고 자기소개서 작성에 심혈을 기울였습니다. 몇 날을 밤새워가며 정성을 다했습니다. 드디어 원서 접수. 그런데 서울대학교 언론정보학과가 아니라 점수대가 낮은 다른 학과에 접수하고 말았습니다. 아이가 한 번도 생각해보지 않은 엉뚱한 학과에. 어찌 이런 일이.

학교장의 회유와 설득. 이 불합리에 순응한 교사들의 회유와 부탁에 어린아이는 휘둘렸고 눈물을 뿌리며 막판에 학과를 바꿔 접수해야 했습니다. 자기소개서 내용을 제대로 수정하지도 못했습니다. 이 아이는 어떻게 됐을까요.

떨어졌습니다. 언론정보학과에 지원했더라면 합격했을 가능성이 컸던 아이가 그보다 점수대가 낮은 학과에서 떨어진 이유가 뭘까요? 면접 갔을 때, 그 학과 교수님이 생활기록부를 훑어보면서 하신 말씀, "학생은 학과를 잘못 선택했구먼."

내신성적이 아무리 좋아도 떨어질 수밖에 없었습니다. 대학에서는 서류와 면접 절차를 통해 이 아이가 왜 이 학과를 선택했고 이 학과 진학을 위해 어떤 노력을 해왔고, 이 학과에 진학해서 어떤 공부를 어떻게 할 것인가를 중요하게 여기고 평가합니다. 그런 면에서 이 여학생은 좋은 점수를 받을 수가 없었던 것이죠. 학교 선생님들은 자신들의 잘못된 처신을 반성하며 낙방한 아이에게 사과했습니다만, 아이의 상처는 쉽게 치유될 수 없지요.

선생님들은 왜 학과를 바꾸게 했을까요? 바로 서울대 합격자 수를 늘리기 위해서입니다. 언론정보학과는 위험하다, 좀 더 안전한 학과를 찾아라, 내신이 워낙 좋으니 그 정도면 합격할 거다, 라는 잘못된 판단을 한 것입니다. 교장 선생님이 이런 생각을 했더라도 다른 선생님들이 바로 잡아줬으면 좋으련만, 아무도 그러지 못했습니다.

과거에는 심각했지요. 대학에 원서를 접수하려면 학교장의 도장을 받아야만 했습니다. 연세대 의대, 고려대 법대 가겠다는 학생들에게 서울대 농대를 강요하고, 거부하면 도장을 찍어주지 않는 학교가 많았습니다. 지금은 그 정도는 아닙니다. 그래도 공공연하게 '서울대 집어넣기', '서울대 늘리기'는 계속되고 있는 것 같습니다.

학교가 잘못 하는 겁니다. 교장 선생님이 잘못했고, 교사들이 잘못했습니다. 하지만 "그 학교 서울대 몇 명 보냈대?"로 해당 고등학교를 평가하는 우리 사회의 인식에도 심각한 문제가 있습니다. 서울대 많이 보내는 고등학교가 소위 명문 고등학교라는 인식이 계속되는 한, 학생들의 아픔도 계속됩니다.

당신에게 고등학교 진학을 앞둔 자녀가 있다면, 어느 학교가 서울대 많이 보냈나에 너무 신경을 쓰지 마셨으면 합니다. 서울대 진학하는 학생은 극소수인데, 내 아이의 학력 수준과 상관없이, 서울대 많이 보냈으니 우리 아이도 잘 가르치겠지, 라는 생각을 하시는 것 같습니다. 그보다는 학교 선생들이 우리 아이에게 얼마나 관심과 사랑을 줄까, 중학교 때보다 우리 아이가 얼마나 성장할까, 친구들과는 잘 어울릴까, 이 부분을 좀 더 깊게 고민해 주셨으면 좋겠습니다.

'SKY' 대학 교수님께

몇 년 전, 고3 담임을 맡았을 때입니다. 유명 학원이 서울 모 대학 강당에서 연 정시 입시설명회를 보려고 상경했습니다. 서울의 대표적인 대학 입학처장님들이 나와서 당신 학교를 홍보하고 입시 제도를 설명했습니다.

그런데 어느 명문대학의 교수님께서 아주 유쾌한 목소리로 "저희 대학은 내신 필요 없습니다!"를 반복해서 외치더군요. 내신을 30% 반영하지만, 최고점과 최하점의 차이를 아주 작게 정했기 때문에 아무 의미가 없다는 친절한 설명도 빼놓지 않았습니다. 내신을 신뢰할 수 없다고 단언했습니다. 내신 낮은 수능 고득점자를 끌어들이기 위한 '전략'인데, 그렇게 노골적으로 말하리라고는 생각하지 못했습니다.

대학교수이면 이 나라 최고의 지성입니다. 저는 내신 필요 없다고 장난스레 외치는 교수님의 몸짓에서 "애들은 가, 애들은 가, 이 약 한번 잡숴봐!" 외치는 길가 약장수의 모습을 떠올렸습니다. 평생 공부하신 학자에게서 선비의 기품을 느끼기는커녕 약장수의 경박함을 보았다는 사실은 슬픈 일입니다.

'SKY' 대학이 특목고 학생들을 많이 입학시키고 싶어 하는 마음은 이해할만합니다. 학력 우수 집단을 입학시켜서 대학의 위상을 더 높여보려는 바람을 굳이 탓하고 싶지 않습니다. 그러나 그 방법이 정당하지 못했다고 생각합니다. 고등학교 내신은 믿을 수 없다고요? 학생들의 내신을 믿을 수 없는 게 아니라, 고등학교의 수준을 믿을 수 없다는 말씀을 하고 싶었던 건 아니었는지요.

언젠가, 학교생활기록부 성적(교과 90%, 비교과 10%)만으로 신입생을 뽑는 모 명문대학의 수시 전형에서 일반고 1, 2등급 학생들은 떨어지고 외고 4, 5등급 학생들은 붙었다는 뉴스를 듣고 기가 막혔습니다. 비교과 10%에서 당락이 바뀌었다는 대학 측의 궁색한 변명에는 연민을 느꼈습니다.

하늘을 우러러 한 점 부끄럼 없이 사는 사람이, 그런 단체가 어디 있겠습니까만, 대학교만큼은 그런 자세로 생각하고 행동해야 마땅하다고 봅니다. 젊은이들을 인간답게 살도록 가르치는 사람들이 모여 있는 고결한 공간이기 때문입니다. 하여 입시 운영에서도 떳떳해야 합니다.

서울대, 고려대, 연세대 교수님!

서로 경쟁하십시오. '어떡하면 우수한 아이들 많이 유치할까?'가 아니라 어떡하면 학생들 더 잘 가르칠 수 있을까를 고민하고 경쟁하십시오. 더 열심히 더 튼실하게 4년간 교육해서 사회에 내보낼 방법을 연구하고 실천하십시오. 학생들이 비싼 등록금 내는 것이 아깝지 않다고 여길 때까지. 그게 진짜 경쟁입니다.

잘 가르치려면, 수준 높은 강의를 펼치려면 우수한 아이들이 필요하다고 생각하실지 모르겠습니다. 맞습니다. 그런데 일반고 아이들도 충분히 우수합니다. 농어촌전형으로 귀 대학에 입학한 아이들도 수업에 뒤지지 않는다고, 오히려 우수한 성적을 받는다고 들었습니다. 특목고, 일반고를 떠나서 귀 대학에 지원할 정도라면, 수학 능력은 갖춰진 아이들입니다.

대학교육의 질을 높이고 내리는 것은, 어쩔 수 없이 교수님의 가르침에 달렸습니다. 학문 연구가 중요합니다만, 가르치는 연구도 중요합니다. '나의 연구 성과를 학생들이 쉽게 받아들일 수 있게 하려면 어떤 강의 기술이 필요할까?' 이런 고민도 필요하다는 말씀입니다.

'공부야 애들이 알아서 하는 거지. 똑똑한 애들이니까.' 뒷짐지고 계신 분, 이제 안 계시겠지요. "학생들이 공무원시험 준비다 뭐다 바빠서 전공 강의는 통 들으려 하지 않아요." 하면서 강의 대충 때우는 게, 학생들을 위한 배려인 듯 말씀하시는 분, 이제 안 계시겠지요.

교수님, 잘 뽑는 것보다 잘 가르치는 것이 더 소중합니다.

교사 생활을 시작한 지 3년째에 첫 담임을 맡았습니다. 그때 일입니다. 학부모회 대표 엄마들과 담임선생님들이 저녁 식사를 함께했습니다. 학교 이야기, 아이들 이야기를 주고받으며 밥을 먹었습니다. 식사 끝나고 나오는데 우리 반 아이의 엄마 한 분이 저에게 봉투를 주려고 했습니다. 사양했습니다. 학부모에게 돈 봉투 받는 것이 부담스럽기도 했지만, 그걸 사양한 진짜 이유는 그 엄마에게 늘 미안한 마음이 있었기 때문입니다.

자식 맡겨 놓은 죄로 원하지도 않는 감투 쓰고, 일 있을 때마다 수십 명의 학급 학생 부모들에게 일일이 전화하고, 툭하면 학교에 나와야 하고…, 그 어려움을 알기에 늘 미안했습니다. 내가 음식 대접 받을 게 아니라, 외려 그분을 대접해야 할 처지인데, 거기다가 봉투까지. 저는 가능한 한 그 어머니가 불쾌해하지 않게 신경 쓰며 봉투를 돌려드렸습니다.

그런데 예기치 못한 일이 벌어졌습니다. 그 어머니가 봉투를 두 손에 쥔 채 발을 동동거리며 눈물을 흘리는 겁니다. 그렇게 난감한 경우는 처음이었습니다. 왜 우시느냐고 물을 수도 없고, 받을 테니 도로 달라고 말할 수도 없고, 그냥 자리를 피해버리는 것이 그나마 상책이라 생각했습니다.

"어머니 죄송합니다. 저 이제 가볼게요."

이 말 한마디 남기고 도망쳤습니다. 그날 밤 하숙방에 누워 촌지라는 것에 대해 많은 생각을 했습니다. 순수한 성의를 무시해버린 젊은 교사에게 섭섭함을 느껴서 흘린 눈물이라면 지금이라도 사과하고 싶습니다. 저 혼자 고결한 교육자인 양, 봉투를 거절하는 모습이 거만해 보였다면 그래서 그 어머니의 자존심을 상하게 했다면, 이제라도 용서를 청하고 싶습니다.

이런 일도 있었습니다. 20년쯤 된 것 같습니다. 그때는 3학년 담임이었습니다. 3월에 한 아이의 아빠로부터 촌지를 받았습니다. 아이를 잘 봐달라는 의미의 봉투였습니다. 만 원짜리 열 장인가 스무 장인가, 적지 않은 금액이었습니다. 왜 받았냐고요? 저도 모르겠습니다. 어쩌다 보니 거절도 못 하고 그냥 주머니에 넣었습니다.

다음날, 교실에서 그 아이를 보았습니다. 나를 빤히 바라보는 아이의 눈빛이 부담스러워 창밖으로 눈을 돌렸습니다. '저 애도 내가 제 아빠한테 돈 받은 사실을 알 텐데.' 생각하니 당당해질 수가 없었습니다. 칭찬해줘야 할 때 칭찬해주지 못했고, 혼내야 할 때 혼내지 못했습니다. 그냥 매사에 "어, 그래." 하며 살았습니다. 담임으로 해야 할 도리를 다하지 못했습니다. 아이의 부모가 사소한 부탁들을 해올 때도 거절하지 못했습니다. 돈 준 사람은 당당했고, 돈 받은 사람은 비굴했습니다. 저 자신이 참으로 한심하게 느껴졌습니다.

애들 키우다 보면 가끔 '촌지'를 생각하시게 될 겁니다.

'애 담임한테 한 번쯤은 성의 표시를 해야 하는 게 아닐까?' '남들은 다 갖다 주는데 우리만 안 하면, 애한테 불이익이 있지 않을까?', '봉투를 준다면 얼마가 좋을까, 남들한테 물어보기도 그렇고.' 금액을 결정하고 나면 다음 고민이 이어집니다. '담임이 순순히 받을까, 오히려 부작용이 생기는 건 아닐까?', '끝내 안 받으면 되게 창피할 텐데.'

세상에 쉬운 일이 없네요. 제 생각은 이렇습니다. 여러분의 자식을 특별히 잘 봐달라는 뜻이라면, 아예 촌지는 생각도 하지 마세요. 담임교사가 당신의 아이를 특별나게 잘 봐줄 게 없답니다. 성적을 올려줄 수 있는 것도 아니고, 무슨 상을 줄 수도 없는 겁니다. 오히려 역효과를 낼 수도 있습니다. 담임선생님은 당신으로부터 봉투를 받은 사실이 부담스러워 당신의 아이를 피하게 될지도 모릅니다.

"흥! 담임한테 돈 봉투를 찔러줬더니 다음날로 우리 애, 짝 바꿔줍디다."

짝 바꿔주고 자리 앞으로 옮겨주는 거, 그것이 중요한 게 아닙니다. 아이와 담임선생님 간의 인간적인 교감이 중요한 겁니다. 돈 봉투로 인해 그게 약화될 수 있다는 걸 말씀드리고 싶은 겁니다.

"모르는 소리 말아, 우리 애 담임은 노골적으로 요구하더라. 안 찾아가면 애 괴롭히고…."

저도 들은 적이 있는 얘기입니다. 그런 분도 이 땅에 없지는 않겠지요. 어느 아이 엄마가 음료수 박스 들고 학교로 담임선생님을 찾아갔대요. 그랬더니 그 선생님 왈, "난 어깨가 아파서 무거운 건 못 들고 가는데…." 그랬다는 거 아닙니까. 봉투 준비하지 않은 학부모에게 은근히 면박을 준 거죠. 그러나 이런 경우는 이제 없습니다. 그러니 촌지 부담에서 벗어나세요.

진심으로 담임교사에게 고마움을 느껴서, 그 마음을 전하고 싶은 학부모가 있을 겁니다. 여러 면에서 좋아지는 아이를 보면 부모는 그런 생각이 듭니다. 그럴 땐 성의 표시를 해도 무방하다고 생각합니다. 돈봉투는 생각도 하지 마시고 그냥 자그마한 선물이 좋을 것 같습니다. 몇 줄 편지 곁들이면 받는 이가 더욱 흐뭇해 할 겁니다. 학기 중보다는 학년이 끝날 때 하시는 것이 좋습니다. 순수한 마음을 그대로 전달할 수 있으니까요.

담임선생님 찾아가기

담임을 하다 보면 1년 동안 자주 뵙게 되는 학부모도 있고, 딱 한 번 뵙는 학부모도 있습니다. 아예 한 번도 만나보지 못하는 학부모도 있습니다. 여러분은 어떤 학부모님인가요? 최소한 한 해 한번은 학교에 가셔서 담임선생님을 만나 보는 것이 좋습니다. '아! 우리 애 담임이 이런 사람이구나', '아! 윤익이 엄마가 이런 분이구나.' 잠깐의 만남이지만, 아이를 이해하는 소중한 기회가 됩니다.

학교 오기가 어려우시죠? '한번 가보기는 해야 하는데 ….' 하면서도 학교 방문이 어렵게 느껴지는 데는 나름의 이유가 있습니다.

직장 생활 때문에 시간이 없다.

꼭 맘먹으면 시간 낼 수 있습니다.

아이가 절대로 학교에 오지 말라고 한다.

아이의 진심이 아닐 수 있습니다. 의외로 여러 아이가 엄마에겐 학교에 오지 말라고 말하면서 정말 안 오시면 섭섭해 합니다. '엄마가 나에겐 관심이 없구나.' 생각하는 아이도 있답니다.

입고 갈 게 없다.

써 놓고 보니 좀 우습네요. 여자분들은 어디 갈 때마다 입고 갈 게 없다고 하는 것 같습니다. 제 어머니도 그러고 집사람도 그래요. 학교 오실 때 그냥 편하게 입으시면 됩니다.

어떻게 빈손으로 가?

그냥 오시면 됩니다. 음료수 한 박스 들고 오시면 고맙고요.

혼자 가기 부담스럽다.

학부모회 같은 행사를 이용하세요. 대부분 학교가 학년 초에 전체 학부모회를 합니다. 회의에 참석하시면 자연스럽게 아이의 담임선생님을 만나게 되지요. 그러나 이때는 깊이 있는 대화가 어렵습니다. 여러 명의 학부모와 담임 한 명이 이야기하게 되는 상황이라 그렇습니다. 한 어머니가 너무 오랫동안 자신의 자녀 이야기를 하면 다른 부모님들이 힘들어 합니다. 담임도 불편하고요. 이때 담임교사의 얼굴을 익혀두시면 다음에 대화할 때 한결 자연스러울 겁니다.

혼자 오시게 될 때, 가능하면 학년 초를 피하시는 게 좋습니다. 담임선생님들이 정신없이 바쁠 때거든요. 또 학급 아이들 파악도 덜 된 상태라 부모님께 그다지 도움 되는 말씀을 드릴 수가 없습니다. 또, 미리 전화하셔서 담임교사와 시간 약속을 하신 후에 오시는 것이 좋습니다. 약속 없이 오시면 5분 정도의 대화로 끝나거나 한 시간, 때로는 두 시간씩 기다리셔야 하는 일이 생깁니다. 수업 때문이지요.

흔하지는 아니지만, 상담 중에 어머니들이 담임교사에게 말을 놓는 모습을 볼 때가 있습니다. 자신보다 나이 어린 담임에게 슬쩍슬쩍 하대하는 것은 좀 더 편하게 대화하고 싶은 마음에서일 겁니다. 또는 애 담임이 동생 같고 조카 같아서 그럴 수도 있습니다. 그러나 듣는 담임은 당혹스럽습니다.

무조건 안 받습니다

신문에 이런 기사가 실렸습니다.

"선생님, 음료수는 괜찮지 않습니까?"
"안됩니다."
"그래도 사람 사는 게 그런 게 아니지 않습니까. 학부모의 마음입니다."
"학생들이 저를 지켜보고 있어요. 선례를 남기고 싶지 않습니다. 아이들은 다 압니다."

얼마 전 새 담임선생님에게 음료수 한 박스를 들고 찾아갔던 어느 고등학생 학부모가 겪은 일이다.…서울 강남의 한 학교는 새 학기가 되면 홈페이지에 '불법 찬조금 및 촌지에 대한 공문'이란 글을 띄워 놓는다. 학부모가 초콜릿 같은 선물이라도 슬쩍 놓고 가면 우편으로 돌려보낸다. _〈조선일보〉 2011. 4. 2.

글을 쓴 기자는 음료수와 초콜릿을 되돌려 보낸 선생님과 학교를 칭찬했습니다. 하지만 저는 생각이 조금 달랐습니다. 그래서 독자 의견으로 투고했고 며칠 뒤 같은 신문에 글이 실렸죠.

그러나 나는 생각이 다르다. 내 직업이 교사이긴 하지만, 두 아이를 키우는 학부모 처지에서 생각해 봐도 마찬가지다. 선생님은 음료수를 고맙게 정말 고맙게 받았어야 했다. 학생들이 지켜보고 있다면 더욱 그래야 했다. 그게 교육이다.

동네 마실 갈 때도 고구마 몇 알 들고 가는 것이 우리네 정서다. 대개 학부모는 1년에 한두 번 아이의 학교에 가보게 된다. 아이를 맡겨 놓은 부모로서 빈손 들고 담임 만나기가 아무래도 편치 않다. 음료수 한 통으로 작은 고마움을 표하는 것은 자연스러운 일이다. 그게 사람 사는 정이다. 아이들도 배워야 한다.

담임에게 거절당하고 음료수 도로 들고 가는 학부모의 심정도 헤아릴 필요가 있다. "담임 멋지다. 훌륭하다."며 기분 좋게 마음먹는다면 다행이지만, 민망함에 상처를 입을 수도 있다. 잘못한 것 없이 죄인 된 것 같은 부끄러움에 아파할 수 있다. 내가 어느 학부모에게 그런 아픔을 준 적이 있다.

초콜릿조차 용납하지 않는다는 학교를 이해한다. 하나가 둘이 되고 둘이 열이 되는 상황을 염려한 탓이리라. 오죽하면 그랬을까 하는 생각도 든다. 그러나 너무 빡빡하고 여유 없어 보인다. 보기에 따라 지나치게 몸을 사린다고 할 수도 있겠다. 교사로서의 양심과 상식만 버리지 않는다면 얼마든지 융통성 있게 대처할 수 있지 않을까.

학부모와 학교의 관계가 많이 변했다. 촌지 문제도 다른 시각으로 접근할 때가 됐다. 이제 '촌지를 받지 않는다.'는 가정통신문도 사라졌으면 좋겠다. 학교마다 가정통신문, 담임 편지, 학교 홈페이지를 동원해서 '받지 않음'을 강조한다. 줄 생각도 하지 않는데 미리 안 받겠다고 나서는 모양새가 아무래도 어색하다.

_〈조선일보〉 2011. 4. 5.

글이 실리고 난 뒤 모르는 분들에게서 몇 통 전화가 왔습니다. 멀리 부산에서 손편지를 보내주신 분도 계셨습니다. 그분들은 제 생각에 공감한다며 좋은 글 썼다고 격려까지 주셨습니다. 학부모들의 생각이 나와 별 차이 없구나, 싶었습니다. 하지만 아니었습니다. 며칠 뒤 신문사 홈페이지에서 제 글에 붙은 댓글 네 개를 보게 되었습니다. 그대로 옮겨볼게요.

- 항상 주는 사람의 의도가 도를 넘는 경우가 많습니다. 받는 쪽에서는 바늘도둑이 소도둑 된다는 속담도 있지요.
- 학부모가 그런 일로 상처받지 않습니다. 그런 걱정 하시지 말고 부디 받지 마십시오. 선물 도로 가져간 학부모는 두고두고 선생님 칭송할 겁니다. 전혀 걱정 마시고 받지 말아 주십시오.
- 선생님의 말씀처럼 모두가 사람 사는 정情수준에서 주고받는다면야 아름답고 여유로울 수 있겠으나, 교사, 학부모 중 일부는 양심과 상식의 선을 넘는 경우가 반드시 있었고 있을 것

이므로, 무조건 안받는 게 오히려 서로 나을 듯합니다.

- 무조건 안 받는 게 능사입니다. 이경수 선생님께서 말씀하신 정이라는 이름 때문에 선물과 촌지가 오고 가고, 거기에서 오는 폐해가 훨씬 많기 때문에 그만하자는 겁니다. 교사의 양식과 상식을 갖춘 선생님들이 대부분이라고 생각하지만, 뒤를 돌아보면 그렇지 않은 분들도, 그런 분들 때문에 일어난 문제가 너무 많은 것 같네요.

제 글을 읽고 의견까지 남겨주신 네 분의 말씀을 되새겨 봤습니다. 듣고 보니 고개가 끄덕여지기도 합니다. 학부모님 당신의 생각은 어떠신가요.

공부가 가장 쉬웠어요?

아이들은 성격이 다 다릅니다. 활달한 아이, 내성적인 아이, 밝은 아이, 어두운 아이…. 다양한 아이들이 모여 있는 공간이 바로 학교이고 교실입니다. 댁의 자녀는 어떻습니까? 밝고 느긋해서 아무 걱정 없어 보이는 아이도 사실은 학교생활을 힘들어합니다. 공부한다는 것! 정말 쉬운 일이 아닙니다. 학교에서 수업받고 늦은 밤까지 자율학습하는 아이들을 보면 측은한 마음이 듭니다.

부모들은 공부하기가 뭐 힘드냐고 생각하기 쉽습니다. 사회에 나와 힘들게 돈 버는 것보다 공부하는 게 몇 배 더 쉬운 일이라고 여깁니다. 그러나 아이들 처지에선 세상에서 가장 힘든 일이 공부입니다. 성적이라는 것이 한두 달 공부로 쑥쑥 오르는 것이 아니기에 더욱 힘들게 느껴집니다. 1등 하는 아이는 그 아이대로, 20등 하는 아이는 그 아이 나름으로 고민이 있습니다. 아이가 집에 오면 한번 안아주세요. 등 한번 토닥거려 주세요.

나름대로 공부는 열심히 하지만 성적이 오르지 않던 우리 반 여학생이 쓴 글에 이런 내용이 있더군요.

"집도 부모님도 싫었다. 요즘에는 학교에 오기가 두렵다. 하루하루가 너무 힘들고 어렵다. 휴~ 세상을 사는 데는 힘든 일이 너무나 많은 것 같다."

늘 밝고 맑은, 공부도 잘하는 여학생이 제게 보낸 편지에는 이런 구절이 있습니다.

"어른들은 고등학교 때가 가장 좋았다고 하는데, 이 힘든 시간이 뭐가 그립다고 하시는지들, 이해가 안 돼요."

창의적 재량활동 시간에 아이들이 화나고 짜증 나고 그럴 때 어떻게 하는지 설문 조사를 한 적이 있습니다. 많이 나온 순서대로 적어보겠습니다. '음악을 크게 튼다. 운다. 잔다. 꾹 눌러 참는다. 막 소리 지른다. 큰소리로 노래한다. 컴퓨터 한다. 욕한다. 걸어 다닌다. 벽을 친다….'

아이가 학교에서 오자마자 엄마한테 짜증 낸다고 더 격한 짜증으로 대응하지 마세요. 벽이 쿵쿵 울릴 만큼 크게 음악 틀었다고, "귀먹었어?" 하지 마세요. 오냐, 오냐 버릇없이 키우라는 말씀이 아닙니다. 엄하게 해야 할 땐 엄해야지요. 다만, 아이의 마음 상태를 헤아려 보자는 이야기입니다.

통계청의 청소년 통계자료(경향신문, 2012. 5. 3)에 의하면, 청소년 10명 중 7명이 학교생활 때문에 스트레스를 받고 있다고 합니다. 10명 가운데 1명은 지난 1년간 한 번 이상 자살을 생각한 적이 있대요. 자살하고 싶었던 이유는 성적 및 진학 문제가 53.4%로 가장 많았습니다. 이어 가정불화(12.6%), 외로움(11.2%) 순이었습니다.

오늘, 아이가 학교에서 돌아보면 꼬옥 안아주세요.

좆나 짜증 나!

"오늘 아침 조회는 '관광버스 버전'으로 하겠다. 야, 씨발새꺄 똑바로 앉아. 요즘 군기 빠져서 지각하는 새끼들이 좆나게 많아. 아침부터 더럽게 짜증 나네 정말. 야, 씨발년아 똑바로 앉으라고. 말이 말 같지 않냐 어? 귀 처먹었어? 에이 씨발 좆같네 정말. 바닥에 휴지 좀 봐라. 하여간 개판이야 개판. 쪽팔려서 담임해 먹겠나 이거…."

애들이 경악했습니다. "야, 씨발새꺄 똑바로 앉아." 하고 첫말이 나가자마자 교실은 쥐죽은 듯 조용해졌습니다. 눈이 휘둥그레진 아이들이 '저 사람이 왜 저러나.' 하는 표정으로 저를 쳐다봅니다. 사실, '새꺄' 정도의 욕은 입에 달고 다니는 저입니다. 혼자 운전할 때는 차 안에서 유치찬란, "%#@&*$", 욕 잘합니다. 양아치가 따로 없어요.

그러나 막상 상스러운 욕설로만 아침조회를 하려니 쉽지 않더군요. 전날 밤에 대충 각본을 짜서 한두 번 연습도 했지만, 학급조회는 연습대로 되지 않았습니다. 잠시 머뭇거리고 있을 때, 한 녀석이 "선생님, 이제 그만 하세요." 하더군요.

어느새 아이들은 눈치채고 있었습니다. '관광버스 버전'이라는 말에서 욕설로 이루어진 조회의 의미를 알아챈 겁니다. 고개 숙인 녀석들도 몇 보이고, "잘못했어요, 선생님." 하는 녀석도 있었습니다. 내막은 이렇습니다.

얼마 전 1학년 아이들 전체가 수도권 매립지를 견학했습니다. 환경교육의 일환이었죠. 학교에서 매립지로 향하는 관광버스 안, 저는 맨 앞자리에 앉았습니다. 멀지 않은 곳이라 음악도 틀지 않고 조용하게 갑니다. 아이들은 서로 이야기하며 가고, 저는 조금씩 졸면서 갑니다. 그런데 아이들의 대화가 귀에 들어옵니다. 대화 내용 대부분이 욕설입니다. 상스러운 표현에 거리낌이 없었습니다.

듣는 아이도, 말하는 아이도 욕을 욕으로 생각하지 않습니다. 불쾌함도, 부끄러움도 없는 듯합니다. 전혀 그런 말을 할 것 같지 않은 여자애 입에서 '좆나 쪽팔려'가 자연스럽게 흘러나옵니다. 어느 학교 학생 가릴 것 없이 요즘 아이들의 입이 너무 거칩니다. 버스 안에서 들려오는 욕설들의 잔치에 한마디 간섭도 하지 않고 조용히 있었습니다. 그러나 우리 아이들의 말버릇을 고쳐야 하겠다는 생각은 했습니다.

그래서 견학 다음날 학급조회를 나쁜 말만 골라서 해본 것입니다. 아이들은 담임의 입에서 거침없이 튀어나오는 상소리를 듣고서야 욕이 욕임을 새삼 느낀 듯합니다. 욕이 듣는 이에게 어떤 감정을 불러일으키는지 새삼 알게 된 듯합니다. 애들의 표정을 읽으며 부탁했습니다. 나쁜 말을 교실에서 몰아내자고.

이후 조·종례 시간마다 한마디라도 상스러운 말을 한 애들을 일으켜 세웠습니다. 회초리로 때려주기도 했습니다. 요즘, '근절'까지는 못되지만, 아이들의 입이 한결 부드러워진 걸 느낍니다. 최소한, 그런 말을 하고 나서 스스로 부끄러워 할 줄은 알게 되었습니다.

"선생님, '짜증 나'는 욕 아니잖아요?"

"그래, 욕은 아니지. 하지만 네가 하는 '짜증 나' 소리. 그걸 듣는 사람은 너보다 열 배 더 짜증 난단다."

청소도 공부입니다

댁에서 아이들, 제 방 청소는 시키시나요? 제 잔 이불은 개게 하시는지요.

어릴 적에 홍콩 무술 영화를 많이 봤습니다. 한 10분 정도만 보면 끝날 때까지의 줄거리를 다 알게 되는 그런 영화입니다. 내용은 대략 이러했지요. 나쁜 이가 좋은 이의 가족을 죽입니다. 좋은 이의 어린 아들은 겨우 목숨을 구합니다. 그가 청년이 되었을 때 돌아가시게 된 아버지가 유언합니다.

"도련님, 저는 도련님의 아버지가 아닙니다.… 아버님은 훌륭한 분이셨습니다.…아버님의 원수를…."

주인공은 아버지를 죽인 나쁜 이를 죽이기 위해 산으로 들어가 무술을 배웁니다. 마침내 바람 부는 벌판에서 마지막 결투가 펼쳐집니다. 초반엔 나쁜 이의 우세. 그러나 결국 나쁜 이는 주인공의 칼에 쓰러집니다. 부모님의 원수를 갚은 우리의 주인공! 이제 길을 떠납니다. 그때 뒤에서 도련님을 부르며 따르는 여인이 있습니다. 나쁜 이의 딸, 그녀는 아버지를 벤 남자를 사랑해야 하는 슬픈 운명을 원망합니다.

THE END.

주인공이 무술을 배우기 위해 찾아간 산속의 도사(또는 절의 스님)는 처음부터 무술을 가르치지 않습니다. 우선은 청소부터 시킵니다. 오랜 시간 비질하며 물 긷기를 반복한 후에야 무술을 가르치기 시작합니다. 마당을 쓸며 마음도 쓸라는 또 다른 가르침이지요. 조선시대 대학자인 남명 조식 선생도 물 뿌리고 청소하는 것은 마음을 기르는 일이라고 말씀하셨습니다.

저는 우리 아이들이 청소의 의미를 제대로 알았으면 합니다. 그래서 가능하면 벌로 청소를 시키지 않으려고 합니다. 지각했으니 교실 청소해라, 결석한 벌로 유리창 닦아라, 친구하고 싸운 벌로 화장실 청소해라. 교사의 의도는 청소하면서 자신의 잘못을 반성하라는 것입니다. 그러나 아이들에게 '청소=벌'이라는 그릇된 인식을 심어줄 우려가 있습니다. 청소를 마음공부로 여기지는 못할지라도, 청소를 부끄럽게 여기게는 하지 말아야 합니다.

어느 금요일 학급 종례 시간에 이렇게 말했습니다.

"다음 주 월요일에 환경미화심사 있는 거 알지? 내일은 토요일이니까 수업 마치고 대청소 좀 하자. 너희 전부 의무적으로 남아야 하는 건 아니니까 아픈 사람, 약속 때문에 일찍 가야 할 사람은 그냥 가도 좋다."

청소할 때 보면 슬쩍 몸을 피해 매점에 가 있는 아이도 있고, 10분 동안 한 자리에서 서서 그저 비질 흉내만 내는 아이도 있습니다. 얼굴 가득 불만을 담아 무언의 시위를 하는 아이도 있습니니다. 토요일 오후에 청소하자는데 좋아할 아이가 어디 있겠어요. 틀림없이 입 쑥 내밀고 미적거릴 애들이 많을 겁니다. 그런 아이들을 웃으면서 타이를 능력! 저에겐 없습니다. 보나 마나 소리부터 질러댈 겁니다. 그래서 청소 제대로 할 사람만 남으라고 해 본 겁니다.

대청소하기로 한 토요일. 종례 마치고 교무실에 잠시 갔다가 다시 교실로 왔습니다. 어라! 남은 녀석이 불과…. 거의 다 집으로 가버린 겁니다. 부끄러워서 몇 명 남았는지 여기에 밝히기는 그렇고. 대청소를 포기했다는 것만 말씀드립니다.

환경미화심사가 있는 월요일 아침의 학급 조회. 그냥 담담한 표정과 담담한 목소리로 개개인 청소를 지정해줬습니다.

"지열이는 창틀, 병규는 사물함, 경은이는 휴지통, 병덕이는 액자…. 쉬는 시간, 점심시간 이용해서 종례 때까지 끝내도록 하자."

드디어 종례 시간. 우와! 교실이 깨끗했습니다. 훤해졌습니다. 모두가 땀 흘려 청소한 겁니다. 자신에게 주어진 일만큼은 열심히 해주었네요.

헷갈렸습니다. '이걸 다행이라고 생각해야 하나?'

자식 무서워 어디 살겠나

쥐방울만한 것이
크지도 않은 눈 똑바로 뜨고
꼬박꼬박 말대꾸
낯설다
이게 어디서…
마누라가 말린다
사춘긴 것 같애. 그냥 놔둬 봐요
사춘기 무서워 어디 살겠나

덩치 큰 놈이
입 쑥 내밀고 밥상머리 앞에서
사사건건 신경질
이게 어디서…
마누라가 귀엣말
시험 못 봤대. 그냥 놔도 봐요
수험생 무서워 어디 살겠나

자식들 눈치 보며
알아서 기어야 하는
나는야
사춘기 소년의 아비
고등학교 수험생 아비

그나저나
저 때 나도 그랬나?
엄니, 나도 그랬우?
왜 웃으쇼?

예전 아이들, 지금 아이들

이십 대부터 십 대 아이들과 살았습니다. 오십 대인 지금도 여전히 십 대 아이들과 삽니다. 같은 십 대라도 예전과 지금의 아이들이 다릅니다. 기계도 아닌데 모두 똑같다고 할 수는 없습니다. 예전에도 속 썩이는 아이들이 있었고 지금도 '요즘 아이 같지 않은' 아이들이 있습니다.

얼마 전에 학교 선생님에게 '요즘 아이 같지 않은' 아이 얘기를 들었습니다. 훈훈해졌습니다. 얘기 듣고 그 아이보다도 그 부모님이 더 보고 싶었습니다. 자녀교육을 어떻게 하는지 궁금했습니다. 어떤 아이인지 말씀드릴게요.

담임교사는 종례가 끝난 후 청소 당번에게 교실 청소와 특별구역 청소를 하게 합니다. 청소가 끝나면 검사를 한 후 아이들을 귀가시킵니다. 그 선생님이 청소 검사하러 화장실에 갔습니다. 그런데 다른 반 아이가 화장실 바닥을 물걸레로 닦고 있는 겁니다. '우리 반 아이들은 어디 가고, 딴 반 애가 청소를?'

이렇게 된 겁니다. 청소 당번 아이들이 청소를 다 하고 교실로 갔습니다. 그때 운동장에서 운동하던 다른 반 아이가 화장실에 와서 일 보고 나갑니다. 나가다가 무심코 바닥을 봤습니다. 운동화 흙발자국이 지저분하게 찍힌 겁니다. '나 때문에 당번 아이들이 청소 안 한 걸로 오해받을지도 몰라.' 이렇게 생각한 아이는 우선 제 신발 바닥부터 씻고 나서 청소를 시작했던 것이고, 그걸 선생님이 봤던 겁니다. 이런 아이들이 많이 있다면 세상이 얼마나 향기로울까요.

자, 이제 본론으로 들어가서, 예전 아이들과 지금 아이들은 어떻게 다를까요.

수업 들어가면 칠판이 깨끗했습니다. 어쩌다가 앞 시간 수업 필기한 게 그대로 있으면, 앞자리 아이에게 칠판 좀 지워달라고 부탁합니다. 그러면 바로 나와 지워줬습니다. 요즘은 수업 들어가도 칠판이 그대로일 때가 흔합니다. 앞자리 아이에게 칠판 지우라고 하면, 바로 이렇게 말합니다. "저, 주번 아닌데요." 그럼 할 수 없이 주번이 누구냐고 묻습니다. 주번 두 아이는 서로 뭉그적거리며 나오기 싫어합니다. 제가 그냥 지우는 게 편합니다.

예전엔, 교사가 빗자루 들고 여기저기 쓸고 있으면 아이들이 뛰어와서 빗자루를 뺏었습니다. 요즘 아이들은 교사가 비질하는 걸 보고도 가만히 있습니다. 심지어 이렇게 말하기도 합니다. "선생님, 여기도 휴지 있어요."

머리가 너무 길어 지저분해 보이는 아이에게, "머리 좀 깎자, 내일까지, 어때?" 그러면, 옛!" 하고 시원하게 대답했습니다. 아쉬운 아이는 "일요일에 깎으면 안 될까요?" 이렇게 물었습니다. 요즘 아이는 머리 깎자고 하면 대뜸 그럽니다. "안 긴데요."

아이들은 순수합니다. 예나 지금이나 큰 변함이 없습니다. 그러나 점점 정이 엷어지고 개인주의가 심해지는 경향이 있습니다. 지나치게 '합리적'이거나 자기주장이 강할 때가 있습니다. 어딘지 후덕한 맛이 조금씩 사라집니다. 공부도 공부지만 가슴이 따뜻한 아이들로 키우고 싶습니다. 교사의 노력만으로는 안 됩니다. 학부모님이 도와줘야 합니다. 머리가 취직을 결정짓는 차가운 무기라면, 따뜻한 가슴은 직장 생활의 성공을 보장하는 향기로운 무기입니다.

문자 메시지 이야기

점심시간에 출석부 정리하고 있는데 휴대폰에 문자가 왔습니다. 열어보니 '여보 사랑해.' 이렇게 다섯 글자. 집사람이 보낸 겁니다. 별 싱거운 사람 다 있네, 무시해버리고 하던 일을 계속 했습니다. 그런 문자 보내지 않던 사람이라 좀 이상하긴 했습니다. 그래서 얼마 뒤에 전화해봤습니다. 풀 죽은 목소리로 "됐어." 그러더군요.

알고 보니, 집사람 학교 선생님들끼리 점심 내기를 한 겁니다. 남편한테 사랑한다고 문자 보내고 누가 가장 먼저 답장 문자 받는지 시합한 겁니다. 우리 마누라가 점심값을 낸 거죠. 근데 일등 한 선생님 남편이 보내온 답장 내용이 뭘까요? "나도 사랑해."가 아니고 "왜 그래? 학교에 뭔 일 있남?"이었답니다.

전화를 끊고 나니 미안하더군요. 그러고 보니 여태껏 함께 살면서 사랑한다고 말해본 적이 몇 번 안 됩니다. 마음은 그렇지 않으면서 막상 그 말을 하려면 쑥스러워요. 저는 집사람에게 청혼할 때도 사랑한다는 말을 제대로 못 했습니다. 겨우 뱉어낸 말이 "나랑 함께 살래?"였습니다. 정말 멋대가리 없죠. 앞으로는

'여보 사랑해.' 같은 문자를 받으면 즉시 답장해줄 겁니다.

어쩌다 아들놈에게 문자를 보내면 오는 답장이 대개 이렇습니다. '응.' 심지어 'ㅇ' 이렇게도 옵니다. 그게 뭐냐고 좀 길게 보내라고 잔소리했더니 알았다고 다음부턴 길게 보내겠다고 합니다. 아들놈에게 문자를 보냈습니다. 답장이 길게 왔습니다. '응응응응.' 아, 참, 나쁜 녀석…. 애가 워낙 뚝뚝해서 그러려니 했습니다. 그랬는데 어느 날 자동차 옆자리에 앉아 지 친구랑 문자하는 걸 보니 손가락이 안 보입니다. 무진장 길게 쓰더군요. 한 대 콱 때려주고 싶었습니다.

교무실에 멍청하게 앉아 있습니다. 할 일이 잔뜩 밀려 있는데도 손가락 하나 까딱하기 싫을 때가 있잖아요. 바로 그럴 때였습니다. 문자가 왔습니다. 열어보니 제가 가르치는 학생이 보낸 겁니다. 휴대폰 새로 샀다고 축하해 달라는 내용입니다. 그날따라 무시하지 못하고 답장을 보냈지요. 그랬더니 다시 답장이 오고, 또 보내고, 몇 번을 그렇게 오가다 정신 차리고 보니 으악! 수업 시간이었습니다. 수업 중에 교실에 있는 학생하고 교무실에 있는 선생이 문자 주고 받고 있었으니. 아이고, 부끄러워라.

요즘 아이들에게 전화기는 중독에 가깝습니다. 수업받으며 선생님 몰래 문자 주고받는 아이들이 있습니다. 저에게 그랬던 아이처럼 말이죠. 수업 시작 전에 전화기 꼭 끄라고 말해도 벨이 울릴 때가 있습니다. 전화기 쓰다가 걸리면 며칠간 내가 보관하겠다고 경고합니다. 그래도 걸리는 녀석.

"윤식아, 너 한 번만 더 걸리면 압수야, 정말이야!"

그렇게 말하고 돌려줘도 또 걸리는 윤식이. 할 수 없이 녀석의 전화기를 가져와 교무실 책상 서랍에 넣습니다. 참 귀찮은 일입니다. 학생 휴대폰을 교무실로 가져온 첫날에 부모님의 항의 전화를 받는 경우가 있습니다. 말로 타이르면 되지 애 전화기는 왜 뺏어 가느냐고요. 아이고, 참…. ㅠㅠ

현호야! 미안해

입학식!

해마다 치르는 행사입니다만, 늘 새롭습니다. 새로운 아이들을 설렘으로 맞습니다. 올해는 어떤 놈들일까? 교실에 들어가 조용히 교탁 앞에 섭니다. 그리고 아이들을 쭈욱 봅니다. 바짝 긴장한 녀석, 실실 웃고 있는 녀석, 뭔가 모를 불만이 얼굴에 묻어 있는 녀석, 아무 생각 없어 보이는 녀석 등 다양한 표정의 아이들이 모두 저를 바라봅니다. 서로가 눈도장 찍는 중요한 순간입니다. 그런데 한 녀석이 눈에 딱 걸립니다. 첫인상이 안 좋습니다. 고개를 푹 숙인 채 두 눈만 치켜뜨고 저를 노려보는데, 아! 기분 별로입니다.

이후, 그 녀석을 볼 때마다 개운치가 않았습니다. 가까이 불러서 얘기할 때마다 녀석은 얼굴을 옆으로 돌립니다. 저를 외면합니다. "현호야! 선생님 똑바로 보고 얘기해." 하면 잠시 제 쪽으로 눈을 주다가 다시 돌려버립니다. 그 애와 저의 대화는 늘 그런 식이었습니다.

"너 도대체 왜 그러는 거냐?"

아이는 대답이 없습니다.

적당히 포기했습니다. 그냥 녀석의 습관이구나 하고 내버려 뒀습니다. 이야기할 때 아이의 눈, 코, 입을 보는 게 아니라 귀만 보는 데 익숙해졌습니다. 제가 훌륭한 교사라면 아이에게 "너 왜 얼굴 돌리는 거야, 이 녀석아!" 이런 식으로만 말하지 않았을 겁니다. 조용한 곳에 둘이 앉아 편안하고 끈기 있게 아이의 이야기를 들어봤을 겁니다. 대인관계에 나쁜 영향을 주게 될 아이의 나쁜 습관을 고쳐주려 했을 겁니다. 그러나 저는 훌륭한 교사가 아닙니다.

그렇게 몇 달이 지났습니다. 특별활동 시간에 '가족 수기 공모' 행사가 있었습니다. 반별로 우수작 두 편을 주관 부서로 제출해야 합니다. 그냥 글 좀 쓰는 녀석 거 아무거나 두 편 낼까 하다가 애들이 가족 이야기를 뭐라고 썼는지 궁금해서 다 읽어보기로 했습니다.

한 편 한 편 읽다 보니 미처 몰랐던 아이들의 아픔과 희망 그리고 부모에 대한 생각들을 새로 알게 되었습니다. 이제 현호의 글입니다. 늘 얼굴을 옆으로 돌려서 귀만 봐야 했던 아이의 글을 읽을 순서입니다. 어디 뭐라고 썼나 보자!

이런, 이런….

그 녀석의 수기 속에 날 외면하던, 외면할 수밖에 없었던 사연이 담겨 있었습니다.

중학교 2학년 겨울방학 때, 찬 바닥에 얼굴 대고 잠이 들었다. 일어나 보니 얼굴이 흉하게 돌아가 있었다. 얼굴의 왼쪽은 완전히 마비되어 감각을 잃었다. 거의 1년 만에 치료가 됐지만, 아직도 얼굴이 정상인 것 같지 않다. 중학교 때 마비된 내 얼굴을 보고 친구들이 많이 놀려서 힘들었다. 그때부터 성격이 많이 변했다. 얼굴을 손으로 가리거나 외면하는 습관도 그때 생겼는데, 여전히 고치지 못하고 있다.

그동안 현호에게 느꼈던 섭섭함이 모두 사라졌습니다. '괘씸한 녀석'으로 오해했던 저 자신이 부끄러웠습니다. 녀석을 바로 불렀습니다. 그리고 오해해서 미안하다고 사과했습니다. 담임으로서 좀 더 일찍 그 아이의 사정을 알았어야 했습니다. 저의 불찰이었습니다. 지금 녀석은 더는 얼굴을 가리지 않습니다.

여러분의 자녀가 건강이나 성격, 학습 방법, 가정환경 등에서 보통 아이들과 다른 특성이 있다면 그걸 담임선생님께 알려드리세요. 담임교사가 당신 아이에 대해 많이 알면 알수록 아이지도가 수월해집니다. 그만큼 아이와 담임이 가까워집니다. 아이가 행복해집니다.

내 딸, 열여덟 명

젊을 때도 그랬지만, 늙어가면서 딸 없는 것이 더 아쉽다. 멋대가리 없는 아들만 둘 키우다 보니 딸 가진 부모가 점점 부럽기만 하다. 그나마, 내가 담임 맡은 학급에 여학생들이 있어서 다행이다. 녀석들 열여덟 명, 하나하나가 모두 내 딸이다. 비록 1년짜리 딸이 될 테지만, 그래도 좋다.

예쁜 놈이 있고 덜 예쁜 놈이 있다. 부모들은, 열 손가락 깨물어 안 아픈 손가락 있느냐며 모든 자식을 똑같이 사랑한다고, 말한다. 그러나 정직하지 못한 말일 수 있다. 내가 낳은 자식도 더 예쁜 놈 있고 덜 예쁜 놈이 있는 법이다. 담임의 눈으로 학급 아이들을 볼 때도 마찬가지다.

어떤 아이가 예쁠까? 보통 공부 잘하는 아이를 예뻐할 거라고들 생각한다. 그러나 아니다. 공부 잘해서 미울 이유가 없듯이 공부만 잘해서 예쁠 이유도 없다. 교사가 예뻐하는 아이는 붙임성이 있는 아이다. 교사와 학생의 친분 관계는 주로 아이의 적극성에 의해서 결정되는 게 일반적이다. 교사는 대개, 아이와의 친밀도 형성 과정에서 수동적 위치에 있다.

교사는 또 긍정적이고 표정이 밝은 아이를 좋아한다. 늘 짜증이 묻어나는 얼굴에 왠지 부정적이고 삐딱한 인상을 풍기면 느낌이 유쾌하지 않다. 뭔가 잘못해서 교무실로 불려온 녀석의 얼굴에 부끄럼이 묻어나기는커녕 뻔뻔하고 당당한 모습이 내비칠 땐, 괴롭다.

교사가 정말 좋아하는 아이는 가슴이 따뜻한 아이다. 굳이 드러내지 않으면서 다른 친구들을 배려할 줄 아는 아이, 감싸줄 줄 아는 아이가 좋다.

나는 지난 1년간 우리 반 아들딸들을 어떻게 키우려고 했나? 내가 좋아하는 아이들, 내가 사랑하는 아이들로 키우려고 했다. 염치, 배려, 양심, 이런 말들을 아이들이 지겨워할 만큼 하면서 키웠다. 그늘진 아이 얼굴에 햇살이 비치도록 나름 노력했다. 나는 지금 우리 반 아이들을 사랑한다. 내 지도에 부족함이 많았듯, 우리 아이들도 완벽하지 않다. 그러나 담임의 뜻을 따르려는 마음이라도 먹고 있다. 그래서 만족한다.

1년이라는 세월, 아이들과 나는 서로 정을 많이 쌓았다. 미운 정도 고운 정도…. 아이들과 헤어지는 게 섭섭하다. 모두가 내 아들딸이었다. 아이들도 그렇게 생각해주면 참 좋겠다. 그동안 딸 가진 맛도 많이 봤다. 어제 점심시간에도 딸 가진 부모만 누릴 수 있는 기쁨을 맛봤다.

밥 먹고 오니, 책상에서 휴대폰이 몸서리를 치고 있었다. 끊겼다가 이어지고, 끊겼다 이어지고. 문자가 무더기로 들어오고 있었다. 우리 반 딸들이 성탄절 축하 메시지를 애교스럽게 보내고 있었다. 몇 놈이 작당하고 한꺼번에 보내는 것 같았다.

“선생님 미리 크리스마스 사랑해욧 알라뿌~♡” 이런 식의 문자였다. 그래서 맘먹고 일일이 답장을 해주었다. 성탄절이라니까. 얼마 뒤 어느 녀석이 제 번호를 숨기고 문자를 다시 보내왔다. 내용이 이랬다.

“차별쟁이 우리한테는 하트 안 보내주시고.”

아이들이 보낸 문자를 흉내 내서 ‘나도 사랑해.’ 식의 답장을 보내며, 어느 녀석에게는 ♡를 붙이고 어느 녀석에게는 ♡를 안 붙였던 모양인데, 안 붙인 문자를 받은 녀석이 항의한 것이다. 아이고, 머리야! 그래서 다시 모든 아이에게 연분홍 하트를 넉넉하게 찍어 보냈다. 답장이 바로 왔다. “ㅋㅋ 쌤~ OK”

다행이다. 오케이 사인받았으니.

우리 아이들과의 1년이 행복했다.

딸 앞에 무릎을 꿇고

퇴근입니다. 주차장으로 가는데 뒤에서 누가 나를 부르는 것 같습니다. 돌아보니 낯선 교복을 입은 여자아이입니다. 가까이 오는 걸 보니 성희입니다. 반가운 아이를 보고도 한참 동안 말을 하지 못했습니다. 눈물 가득 고인 성희는 그래도 웃고 있었습니다.

성희는 학기 초에 도시에서 전학 온 아이였습니다. 부모님이 헤어지게 되면서 엄마 따라 김포로 옮겨왔습니다. 아이는 학교생활에 잘 적응했습니다. 심성이 고와 학급 아이들과도 금방 친해졌습니다. 공부도 학급 일도 열심히 해서 흐뭇했고 고마웠습니다. 그런데 전학 오고 두 달쯤 지났을 때, 학생과에서 처벌받을 일이 생겼습니다. 흡연이었습니다.

아이 엄마가 학교에 다녀간 날, 엄마한테 많이 혼났느냐고 아이에게 물어봤습니다. 혼나지 않았지만, 혼난 것보다 더 슬프다고 성희는 말했습니다. 지난밤, 성희는 일 마치고 들어온 엄마에게 잘못을 고하고 학생과에 가셔야 한다고 말했답니다. 다른 엄마 같으면 화를 내거나 한숨만 쉬거나 그랬을 겁니다. 그런데 이 아이 엄마는 딸을 부둥켜안고 미안하다며, 엄마가 잘못했다며 울었답니다.

사람 일은 어쩔 수 없는 것인지, 성희가 다시 학생과에 갈 일이 생기고 말았습니다. 그때는 교칙 적용이 지나치게 엄격해서 담배를 갖고만 있다가 적발돼도 흡연으로 간주하고 처벌했습니다. 두 번째 처벌 첫날, 등교 준비하는 딸아이에게 엄마는 무릎 꿇고 앉아 양말을 신겨주면서 굵은 눈물을 뿌렸습니다. 다 엄마 잘못이라고 하면서. 성희 엄마는 심각한 부부갈등 그리고 이혼으로 이어지는 과정을 고스란히 보고 겪은 성희가 그 스트레스로 담배를 피우게 됐다고 생각한 것 같습니다.

아무래도 성희는 우리 학교와 인연이 없었던 모양입니다. 이렇게 꼬이고 저렇게 꼬이더니 결국 학교에 다닐 수 없는 지경에 이르고 말았습니다. 담임인 나도 그 아이도 꼭 뭔가에 홀린 기분이었습니다. 선도위원회에서 '자퇴 또는 전학' 결정이 내려졌을 때 정말 참담했습니다. 적극적으로 변호하고 호소했지만, 소용없었습니다. 이미 비슷한 상황으로 자퇴 처리된 아이가 있어서 성희만 구제할 수 없었던 것입니다.

이 아이를 끝까지 지키고 싶었습니다만, 그리하지 못했습니다. 학교 건물과 뚝 떨어진 목공실 뒤에 몰래 숨어, 울었습니다. 교직생활하면서 학교에서 울어본 것이 그때가 유일합니다. 이 녀석을 어찌하나, 이 녀석을 어찌해. 어떡하든 며칠 안에 전학을 보내야 하는데, 그래야 퇴학을 면하는데, 갈 곳이 마땅하지 않았습니다. 설상가상 아이 엄마가 심하게 병이 나서 꼼짝하지 못하고 누웠습니다. 아이 아버지는 연락이 안 됩니다.

수소문해보니 강화도 어느 학교에 자리가 빕니다. 아이를 데리고 그 학교에 가서 사정했습니다. 고맙게도 받아주었습니다. 그렇게 그 녀석은 고등학교 생활을 계속하게 되었습니다. "성희야 이제 마지막이야. 학교생활 진짜 잘해야 돼. 알지?" 녀석은 연신 고개를 끄덕였습니다. 눈빛에서 각오를 읽을 수 있었습니다. 계절이 한번 바뀌고, 이렇게 다시 만난 녀석은 내 앞에서 슬프게 웃고 있습니다.

김포 시내에서 강화도까지 장거리 통학을 이겨내며 예쁘게 성실하게 학교를 마친 성희는 간호사가 되었습니다.

다시 든 회초리

마산에서 1학년 담임할 때다. 한 녀석이 나에게 부탁했다. 매일 영어 단어책 몇 쪽씩 시험 보고 틀린 개수대로 회초리를 쳐달라고. 여간 귀찮은 일이 아니었지만, 공부하겠다는 열의가 예뻐서 그러마 했다. 아침마다 복도에서 녀석의 책을 받아들고 문제를 냈다. 많이 틀렸고 많이 때렸다. 하루하루 날이 갈수록 틀리는 횟수가 줄어들더니 결국은 단어집을 다 떼었다. 녀석은 원하던 학과에 진학했다.

과거에 아이들을 종종 때렸다. 기말고사 끝난 직후 교실에 들어가서 "매 맞을 사람 있으면 나와라." 처음엔 아이들이 어리둥절해 했다. 학급 평균 이하라든가, 중간고사 점수보다 내려갔다든가, 하는 매의 '기준'을 말하지 않았기 때문이다.

"기준은 없어. 그냥, 시험 끝나고 보니 공부 안 한 것이 후회되는 사람, 마음속에 어느새 자만이 싹튼 사람, 이대로는 안 되겠다 싶은 사람, 그래서 반성의 의미로 매를 맞아볼 사람 있으면 나와 봐. 아주 아프게 때릴 거다."

잘해야 한 명, 많으면 두 명 정도 나오리라 생각했는데, 순식

간에 일곱 명이 튀어나왔다. "왜 이렇게 많이 나오냐? 선생님 힘 달려. 세게 때릴 거니까 웬만하면 들어가라." 일곱 명의 남녀학생은 모두 맞겠다고 했다. 그래서 때려줬다. 그렇게 시험 때마다 회초리를 들곤 했었다.

예전에 혹시 자녀가 학교에서 매 맞은 일로 속상했던 적이 있나요? '이날 입때까지 나도 내 새끼 안 패고 길렀는데.' 하면서 아이 담임한테 야속했던 적 있으세요? 그랬다면, 이제 야속함 푸세요. 교사가 아이를 체벌한 것은 일단 아이가 뭔가 잘못했다는 얘기입니다. 몇 번 타이르다가 안 되니까, 회초리를 들었을 거예요. 중요한 건 담임선생님이 당신 아이에게 여전히 애정을 품고 있다는 겁니다. 정말 꼴 보기 싫고, 정이 안 간다면 뭘 잘못해도 회초리 들지 않았을 겁니다. '사랑의 매'는 존재했다고 저는 믿습니다.

"회초리로 때리면 누가 뭐래요. 손바닥으로 여자애 뺨을 때렸다니까." 아! 그건 선생님이 잘못한 겁니다. 감정을 다스리지 못하고 아이 마음을 다치게 한 겁니다. 저도 한때 그 짓 해봤습니다. 반성 많이 했습니다.

지금 3학년 우리 반 아이가 나에게 부탁해왔다. 일주일에 한 번씩 계획대로 공부했는지 확인해주고 계획을 이루지 못했을 때 회초리로 때려달라고 했다. 이제 회초리 들기가 싫다. 더구나 인권조례라는 것으로 체벌이 금지됐는데 새삼 매를 들기도 좀 거시기하다. 더구나 이번 녀석은 여자아이이다. 그런데 나는 오케이 하고 말았다. 녀석의 간절한 눈빛 때문에.

첫 주도 둘째 주도 녀석은 자신이 세운 계획을 이루지 못했다. 회초리는 필요하지 않았다. 녀석이 비현실적으로 너무 많은 분량의 공부를 계획했기 때문이다. 공부하겠다는 생각만 앞서고 마음만 분주해서 실현 불가능한 계획을 세우고 그걸 실천하지 못한 데서 오는 불안감이 쌓이는 악순환.

나는 공부 분량을 최대한 적게 잡도록 했다. 이제 아이는 제가 감당할 수 있을 만큼의 계획을 세우고 공부한다. 그런 아이를 나는 때렸다. 제법 세게 엉덩이 다섯 대. 일요일마다 집에서 TV 보며 뒹굴게 된다고 걱정만 하면서, 그다음 일요일에도, 또 그다음 일요일에도 마찬가지였다. 제대로 노는 것도 아니고 공부하는 것도 아닌 어정쩡함. "어쩌냐, 큰일이네, 그러게 일요일에도 학교에 나오라니까." 내 말을 듣던 녀석이 매를 맞겠다고 했다.

녀석은 닭똥 같은 눈물을 주르륵. 나도 학생 때 맞아봐서 안다. 녀석은 아파서 우는 것이 아니리다. 녀석을 교실로 보냈다. 마음이 무거웠다. 무슨 사고를 친 것도 아니고, 공부하겠다는 고운 아이를 아프게 때렸으니. 다음 날 아침 출근하니 책상에 편지랑 음료수 한 병이 있다. 녀석이 갖다놓은 것이다. 편지 속에서 녀석은 말한다.

"… 맞을 때 아프긴 했지만, 선생님 실망시켜드린 것 같아서 더 죄송스럽고 그게 더 속상했어요."

내 새끼손가락의 매니큐어

지난 7월, 여름방학 하는 날이었습니다. 1교시 수업하러 교실에 들어갔습니다. 방학하는 날이라, 수업 분위기가 좀 어수선했어요. 종 치기 10분 전쯤에 수업을 끝냈습니다. 그리고 자유 시간을 주었죠. 잠시 앉았는데 무료하더라고요. 그래서 분단 사이를 오가면서 아이들이 뭘 하며 노나 보았습니다.

어이쿠, 이런! 여학생 한 녀석이 손톱에 매니큐어를 바르고 있는 겁니다. 노려보는 나의 눈과 녀석의 겁먹은 눈이 마주쳤습니다. 이제 겨우 고 1짜리가 매니큐어라니 …. 혼내주려던 마음을 서둘러 버렸습니다. 방학 날 아닙니까.

"선생님도 좀 칠해줄래?" 왼쪽 새끼손가락을 내밀었습니다. "예~?" 아이는 정말 놀랐습니다. "나도 손가락 하나만 칠해달라고." 아이는 환하게 웃으며 내 손가락에 매니큐어를 칠하기 시작했습니다. 아주 정성스럽게. 손가락을 아이에게 맡긴 채 말을 걸었습니다.

"근데, 이런 거 왜 바르고 싶어?"

"예쁘잖아요."

"그렇지, 그런데 교복에 어울리나?"

"안 어울리죠. 방학이니까 그냥…."

"그래, 그렇지, 개학날은 어떻게 하고 올 건데?"

"깨끗하게 지우게 올게요."

"좋았어, 난 안 지우고 올 거다."

개학했습니다. 그 아이 반에 수업 들어갔습니다. '매니큐어 사건'을 깜빡 잊고 있었습니다. 인사도 받기 전에 여학생 한 애가 저를 부릅니다. 부르는 아이를 바라봤죠. 녀석은 손가락 열 개를 쫙 펴서 들어 보이며, 큰 소리로 말했습니다. "매니큐어 싹 지웠고요, 손톱도 깎았어요." 녀석은 시원하게 웃었습니다.

"선생님은 아직 남았는데."

"정말이요?"

"그럼."

새끼손가락을 들어 보여 주며 함께 웃었습니다. 오십 다 된 중늙은이의 손가락에 매니큐어가 초승달로 떠 있습니다.

몇 해 전 여름, 교실에서 경험한 일을 내 블로그에 적었었는데, 다시 옮겨왔다. 체벌금지로 말미암은 교권 침해 문제로 세상이 시끄럽다. 교사가 등을 보이고 있을 때 아이들이 몰래 춤을 추는 동영상도 화제다. 신문만 보면, 학교에는 싹수없고 막돼먹은 아이들과 그 아이들에게 조롱당하는 가여운 선생님들만 있는 것 같다. 그렇게 된 원인을 체벌금지에서 찾는다.

내가 몸담은 교육환경 속에서 보면, 아니다. 체벌금지로 애들이 엉망이 됐다면, 그 이전에는 엄청나게 체벌을 해서 아이들이 순종했다는 말이 된다. 그렇지가 않다. 학교에서의 체벌은 일상사가 아니었다. 교사는 교육적으로 필요하다고 판단한 경우에, 제한적으로 체벌을 했다.

일부 아이들이 교사를 놀리는 행위가 지금에 와서 생긴 것도 아니다. 내가 중학교 다니던 70년대에도 어느 반이 먼저 새로 오신 여선생님을 울리는지 시합을 벌였고, 선생님 신발에 개구리를 넣었다. 신혼여행 다녀온 선생님에게는 첫날밤 이야기해달라고 조르기도 했다. 물론 그때와 지금의 교사 권위가 하늘과 땅만큼 달라서 아이들 장난에 담긴 함의 역시 다르기는 할 것이다.

아이들은 늘 아이들이다. "요즘 아이들 문제야, 철이 없어."라는 어른들의 넋두리는 수천 년간 이어져 온 '금언'이다. 예쁜 아이들 많이, 덜 예쁜 아이 조금이 모여 이룬 집합체가 교실이고 학교다. 인내심이 부족하고 이기적이고 버르장머리 없는 아이들이 늘어났지만, 그 아이들의 본바탕은 여전히 맑다고 믿고 싶다.

그때 교실에서 매니큐어 바르는 여학생을 체벌하지 않은 것은 잘한 일이다. 내가 그 아이에게 매니큐어를 모두 지우라고 명령했거나 회초리를 들었다면, 그 아이는 엇나갔을 것이다. 그럼에도 나는 '학생 체벌 금지'에 여전히 회의적이다. 인격이 형성되는 과정에 있는 아이들에게 잘하면 칭찬하고 잘못하면 꾸짖고 필요할 때 벌도 주는 것이 옳다고 여긴다. 타인에 대한 존중 속에서 개인의 인권도 건강하게 누릴 수 있다고 믿기 때문이다.

저에게는 70점이 보물입니다

신학기에 다시 고3 담임을 하게 됐다. 고등학교 3학년 담임을 제대로 하려면 의욕, 체력, 정보 수집력, 분석력 등이 필요한 것 같다. 나는 그중 뭐 하나 제대로 갖춘 것이 없어서 피하고 싶었다. 그렇지만 어쩔 수 없었다. 그래도 위안이 되고 힘이 되는 것은 자기 일처럼 발 벗고 도와주며 나의 부족함을 채워주는 따뜻한 동료 교사들이다. 이왕지사, 수험생의 조력자로서 제구실을 다 하고 싶다.

우리 학급 아이 서른아홉 명이 마음 덜 아프고 몸 덜 아프도록 보살피며 아비의 심정으로 살아가련다. 빼어나지 못해서, 그리고 말썽쟁이가 아니어서 외려 주목받기 어려운 평범한 아이들의 쓸쓸함, 그 외로움이 깊어지지 않도록 두루두루 품으며 살련다. 그렇게 봄이 가고 여름이 가면 가을도 오고 겨울도 오겠지.

2월의 학교는 고요하다. 고요함 속에서 이미 고3은 시작됐다. 독서실에서 책을 파는 아이들 눈빛이 살아있다. 공부를 잘하는 아이도, 좀 떨어지는 아이도 저마다 꿈을 향해 걷기 시작했다. 모두가 소중한 내 새끼들이다. 창밖 운동장, 텅 비어 더 넓은 운동장을 바라보다가 한 여학생을 떠올렸다. 나를 정신 차리게 한 고마운 아이다.

몇 해 전 여름날 교무실, 1학년 여학생이 눈물을 주르륵 흘리며 서럽게 울었다. 나는 말없이 휴지를 건네주었다. 주변 선생님들의 시선이 느껴졌다. 나이가 많건 적건 우는 이를 마주 보고 있는 건 힘든 일이다. 아이는 기말고사 점수가 예상보다 낮게 나왔다며 나를 찾았다. 자기가 채점한 건 72점인데, 점수표에는 68점으로 나왔다고 했다.

나른한 봄날 오후, 아이들이 졸고 수업하는 선생마저 깜빡거리는 교실에서 그래도 이 아이는 졸지 않았다. 몰입沒入이라고 할 만큼 수업에 집중하는 아이 모습을 보며 기운을 차리던 나였다. 밝고 싹싹하기까지 한 아이였는데, 왜 하필 이 녀석의 성적이 잘못됐을까.

아이와 함께 답안지를 확인해 봤다. 주관식 문제를 풀면서 실수하는 바람에 4점이 줄었다. 아이는 부분 점수라도 받기를 원했지만, 점수를 더 줄 수는 없었다. 답을 알고 적은 것은 분명하지만, 표현이 틀렸으니 도리가 없었다. 아이를 달래서 교실로 보냈다. 교사는 자기 수업을 좋아하는 아이에게 더 호감이 가기 마련이다. 나 역시 이 아이가 예뻤지만 그렇다고 채점은 마음대로 하는 것이 아니다.

안쓰러운 마음으로 아이 답안지를 다시 들여다보다가 불쑥 이런 생각이 들었다. '60점이나 70점이나 그게 그건데 울기까지 할 게 뭐 있어. 100점 맞을 것도 아니고 말이야. 애가 좀 유별난 데가 있네.' 그런데 내 생각이 얼마나 잘못된 것인지 아는 데는 오래 걸리지 않았다. 다음 날 아침, 아이는 환히 웃으며 꽃봉투를 내밀고 갔다. 긴 편지였다.

"…중학교 때는 50점을 넘긴 적이 없습니다. …항상 목표는 70점을 기준으로 하였지만 결국 이루지 못했습니다. … 고등학교 중간고사 때 국사를 80점 넘겼는데 부모님과 저는 기적이라고 생각했습니다. …기말고사에서도 국사와 사회가 70점을 넘겼다는 사실을 확인한 저는 목표가 이루어져 기분이 좋았습니다. …하지만 기쁨은 잠시였고 충격이 다가왔습니다. … 비록 시험을 잘 본 학생에게는 제 점수의 목표가 보잘것없어 보이겠지만, 저에게 70점은 보물입니다. …다음 학기 때 좋은 성적으로 다시 찾아뵙겠습니다."

허, 이런…, 편지를 읽으며 당혹스러웠고 부끄러웠다. 그 아이에게 68점과 72점의 차이는 엄청난 것이었다. 70점이라는 보물을 한순간에 잃어버린 아이의 심정을 헤아리지 못하고 유별난 애 취급을 했으니…. 아이는 자기 말대로 2학기 시험에서 내가 맡은 국사와 사회 과목 모두 90점을 넘겼다.

나도 예전엔 중하위권 아이들 점수까지 챙겨서 격려하고 위로하며 자신감을 심어주려고 애쓰던 교사였다. 그런데 언제부턴가 100점 맞은 아이가 누군가, 1등급은 몇 명이나 나왔나, 명문대 보내야 할 그 녀석이 등급을 까먹지는 않았나, 이런 데만 신경을 모으고 있다. 물론 100점이 소중하지만, 70점도 그 이상으로 소중할 수 있다는 평범한 진리를 잊고 있었다. 심지어 주관식 채

점하다가 백지 답안지가 나오면 속으로 웃기까지 했다. 채점을 빨리 끝낼 수 있으니까 말이다.

그 아이의 편지는 다시금 나를 돌아보는 계기가 되었다. 100점보다 70점 받는 아이가 선생님이 더 절실하게 손 내밀어 잡아주어야 할 존재다. 이제 돌아가련다. 백지 답안지 내는 학생을 어떻게 공부시킬까 고민하는 교사로 다시 서련다. "경수 쌤! 저 국사 60점 넘었어요." 세상을 다 얻은 듯 60점이라는 성취에 환호하는 녀석들과 하이파이브를 하며 진심으로 축하해주는 교사로 돌아가련다. 1등의 아픔도, 꼴찌의 아픔도 함께 아파하는 '아빠'가 되고 싶다.

교학사 한국사 교과서 파동을 보고

아주 오래도록 교학사, 교학사, 교학사…. 방송과 신문이 시끄러웠습니다. 같은 책인데도 신문마다 말하는 교학사 교과서는 전혀 다른 책 같았습니다. 맨날 뭐가 틀렸고 뭐가 틀렸고, 치열하게 다퉜습니다. 하필 한국사가 수능 필수 과목이 되면서 교과서에 대한 관심이 더 뜨거워졌습니다. 교과서 한 권 때문에 나라가 두 동강 난 것 같은 혼란, 왜 그랬던 걸까요?

고등학교에서 배우는 역사 과목으로 '국사', '한국 근·현대사', '세계사'가 있었습니다. 지금은 '국사'의 명칭이 '한국사'로 바뀌었습니다. '한국 근·현대사'가 없어지고 '동아시아사'가 새로 들어왔습니다. 그래서 '한국사', '동아시아사', '세계사'를 고등학교에서 가르칩니다. 한국사는 모든 고등학교에서 가르치고, 동아시아사와 세계사는 가르치는 학교도 있고 안 가르치는 학교도 있습니다.

한국 근·현대사 과목이 없어졌지만, 사실은 사라진 게 아닙니다. 한국사 교과서 속으로 들어갔습니다. 한국사 교과서 분량은 거의 그대로인데, 그 안으로 근·현대사가 들어왔으니 근대 이전 시기 서술 분량이 대폭 줄어들 수밖에 없었지요. 그래서 선사시대~조선후기까지의 역사는 약 30%, 근·현대사가 약 70%가 됐습니다.

선사시대 빼고도 수천 년의 역사가 30%, 근·현대 백여 년 역사가 70%, 정상적인 모습은 아니죠. 지금 새 한국사 교과서에서는 근대 이전 시대 서술 분량이 약간 늘었습니다만, 여전히 근·현대사가 더 많습니다. 가뜩이나 애들 공부할 것도 많은데 굳이 최근 대통령들의 행적까지 교과서에 수록해야 하는 건지, 이것도 의문입니다.

교과서의 종류는 크게 국정과 검인정, 이렇게 두 가지예요. 국정은 나라에서 만드는 것으로 전국 공통으로 쓰입니다. 검인정 교과서는 자격을 갖춘 여러 출판사가 각각 만듭니다. 학교는 여러 개 출판사의 교과서를 분석해서 그중에 하나를 택합니다. 그래서 학교마다 쓰는 교과서가 다르죠. '국사' 시절 교과서는 국정이었습니다. 지금 '한국사'는 검인정이고요.

검인정 교과서라고 해도 내용은 별 차이가 없습니다. 나라에서 일정한 틀을 정해주고 그것에 맞게 서술하도록 하기 때문이지요. 이 틀을 어기면 교과서를 출간할 수 없습니다. 그런데 세부 내용으로 들어가 보면 출판사마다 미묘한 시각차를 드러냅니다. 근대사와 현대사 부분이 특히 그렇지요. 더 강조하는 사건이 있고 가볍게 처리하는 사건이 있습니다. 같은 사건에 대한 서술에도 긍정적 시각과 부정적 시각이 출판사마다 다르게 스밀 수 있습니다. 이번에 문제가 된 것이 바로 이 부분입니다.

어느 시대 어느 나라나 '보수'세력과 '진보'세력의 대립이 있었습니다. 그래야 정상입니다. 이들의 경쟁을 통해 사회는 발전해 갑니다. 비록 시끄러워 보일지라도 말이죠. 보수와 진보의 경쟁은 서로의 존재를 인정하는 바탕에서 국민을 위해, 나라를 위해 이루어지는 것이 바람직합니다. 좌우 날개가 모두 건강한 새가 하늘 높이 날 수 있습니다.

그런데 우리 사회는 서로의 존재를 인정하지 않고 없어져야 할 대상으로 여기는 것 같다는 생각이 자주 듭니다. 국민과 나라가 아니라 자신들의 이익을 위해 싸우는 것처럼 보이기도 합니다. 아쉬운 부분입니다.

교학사 한국사 교과서로 생긴 혼란도 보수와 진보의 갈등으로 해석할 수 있습니다. 교학사를 보수로 보고 반대하는 쪽을 진보로 보면 크게 틀리지 않습니다. 진보가 교학사 교과서의 서술 오류를 비판했는데, 이는 교학사 교과서 쪽 사람들, 그쪽을 지지하는 세력에 대한 비판이라고도 할 수 있습니다. 간단히 말해 진보는 보수의 역사관을 문제 삼은 겁니다. 진보 쪽에서 보는 보수의 역사관은 '친일'과 '독재 미화'로 정리할 수 있을 것 같습니다.

몇 년 전 어느 보수 단체가 기존의 한국 근·현대사 교과서가 반미·친북적 성향을 보이며 대한민국의 역사를 지나치게 부정적으로 묘사했다고 비판했습니다. 역사를 배운 청소년들이 조국 대한민국을 한심한 나라로 여기게 할 소지가 크다고 우려했습니다. 그래서 비뚤어진 역사가 아닌 제대로 된 역사를 가르쳐야 한다는 사명감으로 『대안교과서 한국 근·현대사』를 출간했습니다. '어떠한 정치적 의도나 이념적 경도도 배격한 채, 오직 우리의 미래 세대들이 학교현장에서 올바른 교과서를 통해 진리와 사실만을 배우도록 돕는 것을 목적'으로 한다는 그들의 지향점은 박수받아 마땅했습니다.

그러나 『대안교과서 한국 근·현대사』는 '좌로 기운 역사관'을 바로 세우는 데 실패하고 '우로 기운 역사관'만 보여준 것 같습니다. 군사 정권에 대한 미화도 그렇지만, 일제강점기 일본과 친일세력에 대한 미화가 더 문제였습니다. 일본군에게 위안부가 '성적 위안을 제공'했다고 쓴 걸 보고 기가 막혔습니다. '대안교과서'로서의 자격이 없다고 저는 평가합니다.

처음 교학사 교과서는 『대안교과서 한국 근·현대사』의 역사관과 유사한 모습이었습니다. 일제 식민지배에 대한 긍정적 인식을 드러냈습니다. 교과서답지 못한 행동이었습니다. 위안부가 일본 군부대를 '따라다녔다.'고 썼다가, 호된 비판을 받고 '끌려다녔다.'로 수정했습니다. 무엇보다도, 급하게 서둘러 책을 내는 과정에서 사실에 대한 오류가 너무 많았습니다. 기본을 갖추지 못한 채 세상에 알려졌던 겁니다.

저는 교학사 교과서가 이번에는 나오지 말았어야 했다고 여깁니다. 잘못에 대한 지적이 쏟아졌을 때, 그만둬야 했습니다. 몇 년이 걸리든 서두르지 말고 천천히 야무지게 준비해서 어떤 비판에도 당당하게 대응할 수 있는, 제대로 된 교과서로 등장해야 했습니다.

독재 정권을 미화하는 방법으로 긍정적 역사관을 강요하는 교과서가 아니라 오랜 세월 갖은 고난을 극복해내며 지금의 발전에 이른 대견한 우리 역사, 이에 대한 자긍심을 심어주는 '긍정의 역사'를 써야 했습니다. 그래서 북한에 지나치게 관대하며 남한에 지나치게 인색하다는 다른 교과서들과 경쟁해야 했습니다. 그럼에도 책이 나와버렸습니다.

수정이 다 된 최종본을 검토해봤어요. 그동안 언론 등을 통해 지적받았던 내용이 고쳐졌더군요. 들어가야 마땅했던 내용이 새로 추가되고 빠져야 할 것이 빠졌습니다. 특별히 비난받아야 할 부분이 별로 눈에 띄지 않았습니다. 생각보다 괜찮아졌습니다. 그러나 처음의 잘못 때문에 부정적으로 각인된 여론을 되돌리기엔 역부족이었습니다. 결과는 교과서 채택률로 나왔습니다. 전국적으로 교학사 교과서를 택한 학교가 거의 없습니다. 고등학교 역사교사들은 왜 교학사를 철저하게 외면했을까요?

여전히 스며있는 친일親日 냄새가 거북했기 때문입니다. 비판세력을 너무 안일하게 종북從北, 좌파로 모는 편찬자들의 구태도 한몫을 했습니다. 교학사 교과서 편찬을 주도한 한 분이 "현재 좌파진영이 교육계와 언론계의 70%, 예술계의 80%, 출판계의 90%, 학계의 60%, 연예계의 70%를 각각 장악하고 있다."고 강연했는데, 참 이거 답답합니다. 무슨 근거로 좌우를 구분해서 퍼센트까지 말씀하신 건지 모르겠어요.

역사 선생님들이 교학사 교과서를 외면한 또 다른 이유는 시끄러워지는 게 부담스럽기 때문이었을 겁니다. 교학사 책을 택한, 택하려고 하는 학교에 가해졌던 진보 쪽의 유·무형의 압박을 생각하면 이해가 갈 것입니다. 교학사 책을 아예 검토조차 해보지 않고 제외한 교사들도 적지 않을 것입니다.

그럼 한국사 교과서 중에 진보 쪽 시각을 담은 책들은 문제가 없는가. 있다고 생각합니다. 진보 정권에 대한 애정, 보수 정권에 대한 혐오를 전제로 역사를 기술하지 않았는지, 역사를 역사로 보지 않고 정치 투쟁의 도구로 인식한 측면은 없는지, 빛을 외면하고 그림자에만 돋보기를 들이댄 부분은 없는지, 생각해봐야 합니다. 북한 인식에 대한 오해의 소지는 없었는지도 점검할 필요가 있고요. 예를 들어 진보 쪽 교과서에 실려 있는 "문익환 목사와 대학생 임수경 등이 북한을 방문했지만, 노태우 정부는 국가 보안법을 적용하여 구속하였다."라는 문장은 많은 생각거리를 제공합니다.

비록 보수 쪽에서 나온 말이기는 하지만, 역사 교과서 서술의 바람직한 지향점이 돼야 할, '어떠한 정치적 의도나 이념적 경도도 배격한 채, 오직 우리의 미래 세대들이 학교현장에서 올바른 교과서를 통해 진리와 사실만을 배우도록 돕는 것'을 목표로 교과서를 썼는지 자문해보아야 합니다.

아울러, 진보 일부 세력이 교학사 교과서를 채택하려는 학교에 했던 일들, 협박 전화·항의 방문·피켓 시위 등등. 이런 것들이 정령 정의였는지 되돌아볼 필요가 있습니다. 교학사 교과서 최종본을 꼼꼼하게 읽어 본 후에 시위 등을 하게 된 것인지도 궁금하고요.

보수는 칼이 너무 무딘 것 같습니다. 벼릴 필요가 있습니다.

진보는 칼이 너무 단단한 것 같습니다. 탄력이 필요합니다.

앞으로도 한국사 교과서 논쟁은 계속될 것 같습니다. 이런 생각을 해봅니다. 양심을 갖춘 보수적 성향의 역사학자들과 역시 양심을 갖춘 진보적 성향의 역사학자들이 함께 모여 머리를 맞대고 한국사 교과서를 쓸 수는 없는 걸까. 이승만, 박정희를 치열하게 논하면서 합의점을 이끌어낼 수는 없는 걸까? 아이들을 위해서.

아이고, 이거 너무 무겁고 심각했습니다. 이 책의 성격과 좀 어울리지 않는 글입니다만, 이 문제에 관심 있는 학부모님을 위해 써봤는데, 너무 길어지고 말았네요. '우리 아이는 어느 출판사 책으로 한국사를 배울까?' 궁금해하시는 건 좋지만, 지나치게 걱정은 하지 마세요. 보수 쪽 교과서가 무조건 박정희 대통령을 좋게만 쓰고, 진보 쪽 교과서는 나쁘게만 쓰고 그렇지 않습니다. 보수 쪽 교과서로 배우면 대한민국을 사랑하게 되고, 진보 쪽 교과서로 배우면 대한민국을 한심한 나라로 여기게 되고, 절대 그렇지 않습니다. 고등학생 정도 되면 나름의 판단 능력이 있고요, 또 한국사 선생님이 중심을 잡으며 잘 가르칠 것입니다.

한국사가 수능 필수가 되면서 벌써 사교육 시장이 들먹인다는 소리를 들었습니다. 사교육을 통해 아이에게 중학교 때까지 한국사를 '마스터'하게 하고 고등학교에서 국·영·수에 집중하도록 하겠다는 어느 학부모의 인터뷰도 신문에 보입니다. 글쎄요, 제가 보기엔 바람직하지 않습니다. '마스터'라는 게 가능한지도 모르겠고요.

저라면, 초등학교부터 한국사 사교육 시키는 거 안 하렵니다. 학교에서 배우는 것만으로도 충분하거든요. 고등학교에 가서 본격적으로 수능 준비해도 늦지 않습니다. '수능 한국사 문제가 되게 어렵다던데.' 예, 정말 어려웠는데요, 이제 수능 필수과목이 되면서 난이도를 낮춘다고 합니다. 일정 점수만 받으면 모두 1등급이 되는 식의 절대평가로 시행됩니다.

아이 시간이 가능하다면 한자 교육을 권하고 싶습니다. 무슨 급수 따는 그런 거 말고, 글을 읽고 이해하기 위한 능력으로서의 한자 교육입니다. 한자를 쓸 줄 몰라도 큰 문제없습니다. 읽을 줄 알고 그 글자의 뜻이 무엇인지만 알게 해도 각별한 학습 효과를 기대할 수 있습니다. '천도遷都? 옮길 천, 도읍 도, 아! 도읍을 옮긴다는 뜻이구나.' 이런 학습 과정이 익숙해지면, 그야말로 일취월장하게 됩니다. 한국사뿐 아니라 모든 과목에서요.

한문도 수능 과목이냐고요?

예, 그렇습니다. 독일어, 프랑스어, 스페인어, 중국어, 일본어, 러시아어, 아랍어, 베트남어와 함께 제2외국어 영역에 포함됩니다. 제2외국어는 현재 서울대학교(인문계열)만 필수과목으로 지정해서 응시하는 학생들이 상대적으로 적습니다. 하지만 상위권 대학을 중심으로 제2외국어 성적을 사회탐구과목 성적으로 대체하는 곳들이 있습니다. 입시요강에 '인문계 모집 단위 지원자에 한하여 제2외국어/한문을 탐구영역 1개 과목으로 인정함.' 이런 식으로 나옵니다. 예를 들어 어떤 아이가 사회탐구 과목으로 사회문화와 한국지리를 택했고 제2외국어로 한문을 선택해 수능시험을 봤다고 치죠. 성적이 사회문화 1등급, 한국지리 3등급, 한문 1등급이 나왔다고 하면, 한국지리 점수를 버리고 사회문화와 한문 1등급을 사회탐구과목 점수로 적용해서 대학 간다는 얘기입니다. 듣기평가는? 예, 영어와 달리 제2외국어는 듣기평가가 없습니다.

우리 애 담임이 전교조라면?

우리나라 초·중·고 교사 수는 40만 명이 좀 넘는데 절반 정도는 어떤 교원 단체에도 가입하지 않은 무소속입니다. 교총(한국교원단체총연합회)에 가입한 교사는 15만 명 정도인 것 같고요, 전교조(전국교직원노동조합) 가입 교사는 5만 명 좀 넘는 것 같습니다. 전교조 선생님들은 교총 선생님들의 1/3밖에 안 되지만 결속력과 추진력이 강합니다. 교총은 규모에 비해 존재감이 크지 않았는데 최근에 뭔가 살아있는 생동감이 느껴집니다.

자, 여러분 자녀의 담임선생님이 전교조 소속이라는 걸 알게 됐어요. 기분이 어떠신가요? 좋다. 싫다. 상관없다. 셋 가운데 하나겠죠. 저라면 '상관없다.'에 한 표 던집니다. 특별히 좋을 것도 없고 나쁠 것도 없습니다. 어떤 색깔 옷을 입었든 본질은 사람 그 자체니까요.

수많은 선생님이 왜 전교조에 가입했을까? 아이들을 잘 키워보겠다는 '참교육' 실현을 위해서입니다. 그런데 일부 교사는 교육에 대한 발전적 고민의 결과가 아니라 보신을 위한 방책으로 가입하기도 하는 것 같습니다. 일종의 보험을 드는 거죠. 혹시라도 신분상의 불이익을 당할지도 모르는 사태가 발생할 경우 전교조가 든든한 바람막이가 되어 줄 것으로 생각하는 것입니다. 어떤 목적으로 전교조에 가입했나에 따라 그 선생님들의 학교생활에도 차이가 있을 겁니다.

아이 담임선생님이 전교조 소속이라 다행이라고 여기는 학부모님, 너무 기대하지 마세요. 실망하실 수 있습니다. 해야 할 일 다 소홀하고 자신의 이익만 탐하고 위아래 없이 소리나 질러대서 아이들과 동료 교사들에게 피해만 주는 선생님을 만날 수도 있습니다.

아이 담임이 전교조라서 큰일이라고 걱정하시는 학부모님, 큰일 아닙니다. 그 선생님이 아이 평생에 가장 훌륭한 선생님으로 기억될 수도 있습니다. 어린 아이들 모아놓고 북한을 찬양하는 교육을 했다고요? 신문이나 TV 뉴스에서 보셨죠? 뉴스에 나온다는 건 그만큼 보기 드문 일이라는 증빙입니다. 전교조 선생님 가운데 일부만이 해당되는 겁니다. 대개의 선생님은 상식적으로 사고하고 행동합니다. 욕을 듣는 게 당연한 사람들은 어느 단체에나 다 있습니다.

전교조 선생님들은 열심히 가르치지 않는다고요? 예, 정말 그런 사람도 있다더라고요. 다른 반들은 야간 자율학습하는데 전교조 소속 담임선생님은 공부가 다가 아니라며 아이들 전부 집에 보내버렸대요. 하지만, 역시 일부입니다. 열심히 공부하고 열심히 가르치고 아이들을 뜨겁게 사랑하는 전교조 선생님들도 아주 많습니다. 자기 과목 선택한 고3 아이들 수능 준비 도와주려고 슬그머니 아이들 모아 0교시 수업하는 사람도 있습니다.

그러니 애 담임이 전교조니까, 이럴 것이다, 전교조가 아니니까, 저럴 것이다. 예단하지 마시고, 그냥 선생님으로 보셨으면 좋겠습니다. 교총이나, 전교조가 없어지면 좋겠다고 생각하는 분도 계시죠. 두 단체가 공존하는 것이 우리나라 교육 발전에 도움이 된다고 저는 믿습니다. 지금까지 두 단체는 서로 경쟁하면서 때로는 힘을 합쳐가며 긍정적 교육성과를 이루어왔습니다.

조선시대 병자호란 때 김상헌과 최명길은 척화론과 주화론으로 치열하게 맞섰습니다. 두 분 다 목숨을 걸었습니다. 개인의 영달 같은 것은 생각지도 않았지요. 나라와 백성을 위하는 올곧은 마음이었습니다. 그들은 서로 '적'이었습니다. 그러나 상대의 존재를 인정했습니다. 최명길이 고뇌를 거듭하며 쓴 항복문서를 김상헌이 발기발기 찢어버렸죠. 최명길은 찢긴 문서를 주우며 이렇게 말했다고 해요. "쓰는 이가 있어야 하지만, 찢는 이도 있어야 합니다."

개인이 아닌 조직으로서의 전교조, 좀 더 좁혀 말하면 전교조의 리더 그룹에 대한 제 개인적 생각을 덧붙입니다.

1980년대 말, 전교조의 시작은 미약했습니다. 그러나 순수하고 향기로웠습니다. 그때와 비교하면 지금 전교조는 엄청나게 강해졌고 그만큼 순수성은 떨어졌습니다. 분명히 교사들의 모임이건만, 정치가, 투사, 전략가들의 모임처럼 비치기도 합니다. 익을수록 숙이는 벼와 달리 때로 고압적이고 경직된 모습을 보이기도 합니다.

몇 해 전 전교조 신문 〈교육희망〉에 김용택 시인의 칼럼이 실렸습니다. 전교조 조합원이었던 시인이 작심하고 전교조의 반성을 촉구한 글이었습니다. 다음 호에 시인의 칼럼에 대한 반박 글이 실렸습니다. 자연스러운 순서지요. 반박 글을 읽어보니 시인이 오해한 부분도 있었던 것 같습니다. 그런데 반박 글 어디에도 대선배에 대한 최소한의 예의를 찾아볼 수 없었습니다. "듣그러운 소리 접고 시인이여, 제 눈의 들보부터 뺄 일이다." 이렇게 아랫사람에게 훈계하듯 글을 맺었습니다. '듣그럽다'는 '듣기 싫게 떠들썩하다', '듣기 싫게 떠드는 데가 있다'라는 뜻입니다.

언젠가는 역시 〈교육희망〉에 이명박 대통령을 비판하는 글이 실렸습니다. 일부를 옮겨 보면, 이렇습니다. "이름은 명박, 관상은 쥐박, 언행은 경박, 정신을 떨박…." 풍자도 비판도 격이 따라야 설득력이 있는 겁니다. 가정해봅니다. 아이들이 만드는 학교신문에 어느 아이가 교사인 나를 비판하는 글을 실었습니다. 그런데 그 아이의 나에 대한 비판이 "이름은 명박, 관상은 쥐박, 언행은 경박, 정신을 떨박" 식이었다면 기분이 어떨까요? 난 어떻게 행동할까요?

저는 전교조가 이제는 좀 부드러워졌으면 좋겠습니다. '적'도 감싸 안는 포용력을 보여주었으면 합니다. 그럴 만큼 충분한 힘을 갖고 있다고 믿기 때문입니다. '누가 감히 우릴 건드려.' 같은 생각은 안 하리라 믿습니다. 나라 안의 모든 복잡한 문제에 개입하기보다는 될 수 있는 대로 교육문제에만 집중해서 빛과 소금의 역할을 계속 해주었으면 좋겠습니다.

약자를 섬깁시다. 전교조 높은 직위에 있는 선생님들이시여, 조합원 선생님들을 더 섬기세요. 그 자리는 조합원을 가르치고 이끌고 지도하는 자리가 아니라 조합원의 말을 귀담아듣고 조합원의 마음을 읽고 그 뜻을 따라 행동하는 자리라고 생각합니다. 당신이 어떤 직위에 있던 잠시도 잊지 말아야 할 것은, 당신은 아이들의 선생님이라는 사실입니다.

혹시 제가 어느 단체 소속인지 궁금하신 분이 계실까요? 저는 전교조 아닙니다. 교총 소속입니다. 전교조를 비판적으로 성원하는 보통 교사입니다.

세 번째 이야기

사랑하는 나의 가족

누가 청개구리 아들을 흉보랴

청개구리 아들은 불효자였습니다.

언제나 엄마 소망과 반대되는 행동만 합니다. 그렇게 세월이 갔습니다. 청개구리 엄마는 물가에 묻히고 싶지 않았습니다. 그래서 물가에 묻어달라고 유언하고 죽습니다. 이번에도 아들이 반대로 행동할 것이라고 믿었습니다. 그러나 아들은 엄마를 물가에 묻었습니다.

개골, 개골, 개골….

다음은 어떤 할머니께 들은 얘기입니다.

할머니는 생선을 구우면 언제나, 대가리만 드셨답니다. 살 많은 가운데 토막을 자식에게 먹이려고 먹을 것이 별로 없는 대가리 살만 팠던 겁니다. 자식들이 살 많은 부위를 드시라고 하면 생선은 대가리 살이 최고라며, 마음에도 없는 '어두육미'라는 말까지 하셨답니다. 평생을 그렇게 사셨답니다.

할머니들이 단체로 온천 관광을 가셨습니다. 도시락은 각자 준비했습니다. 점심 먹을 시간입니다. 할머니는 며느리가 싸준 도시락을 엽니다. 반찬이 … 머리토막이었습니다. 생선 대가리

두 토막!

이번엔 제 애깁니다.

며칠 전이 어머니 생신이었습니다. 전날 밤에 큰맘 먹고 케이크를 사왔습니다. 정말 큰맘 먹은 겁니다. 비싸서? 아닙니다.

여러 해 전 어머니 생신 때 "케이크 사올까요?" 했더니 노발대발하셨습니다. 정신이 있는 거냐 없는 거냐, 돈이 썩었냐, 늙은이가 주책이다, 행여 그런 말 마라 등등. 엄청나게 꾸지람을 들었습니다. 그래서 저는 케이크를 사지 않았습니다. 그 뒤에도 생일 케이크 사온다는 말을 했다가 욕만 먹곤 했습니다.

그런데 이번 생신에는 용기를 내서 케이크를 사다가 감춰뒀던 것입니다. 드디어 날이 밝았습니다. 케이크에 불을 붙이는데 어머니는 아무 말도 안 하십니다. 좀 불안하더군요. 손자 녀석 둘이 생일 축하 노래를 불렀습니다. 노래가 끝나자 어머니는 촛불을 불어 끄시더군요. 그리고는 하시는 말씀.

"죽기 전에 케이크 촛불 못 불어보는 줄 알았다."

이런…. 저나 청개구리 아들이나 생선대가리 반찬 해 준 며느리나 무슨 차이가 있겠습니까? 어른들의 속마음을 잘 헤아립시다.

또 한 가지!

어떤 특별한 날에 자녀로부터 꽃이나 선물을 받게 되면 그냥 고맙다고 하세요.

"왜 쓸데없이 돈 쓰냐."

"이런 거 사오지 말라고 그랬지?"

마음에도 없는 이런 말들, 하지 마세요.

어느 일요일 목욕탕 풍경

'이발은 예술이다.'

우리 가족이 자주 가는 김포 오리정 근처 대중목욕탕 이발소 거울 위 액자에 이렇게 쓰여 있다. 볼 때마다 멋지다는 생각이 든다. 이발사의 직업에 대한 자부심이 이 한마디에서 느껴지기 때문이다. 손님 머리를 자르고 있는 그의 모습은 언제 보아도 맑고 따뜻하다. 어르신들께 이발비 깎아주는 미덕도 저 자부심에서 나왔으리라.

세상에 좋은 직업이 있으면, 좋지 않은 직업도 있기 마련이다. 세속적인 잣대를 내려놓고 생각해보면 좋은 직업과 좋지 않은 직업의 기준은 내 마음속에 있다. 내 일에 자부심을 가지고 임한다면 나의 직업은 좋은 것이 되고, 그렇지 못하다면 좋지 않은 직업이 된다. 내 직업이 좋지 않다면 개인의 불행이요 가족의 불행이고 또 이 나라의 불행이다. 그래서 직업에 대한 자부심은 소중하다.

때를 민다. 때와 함께 땀이 뚝뚝 떨어진다. 아무런 가식도 허위도 없다. 하긴 이 순간만큼은 모두가 다 순수한, 거짓 없는 세상이다. 넉넉한 사람도 부족한 사람도 모두가 비슷한 평등한 공간, 알몸의 공간, 여기가 대중목욕탕이다. 어느새 제 아비보다 커버린 막내 녀석 등을 밀면서, 나를 닮지 않아 다행이라는 생각을 한다. 앙상한 내 몸을 닮았다면, 참 속상했을 것이다. 몸 때, 마음 때, 시원하게 털어내고 밖으로 나왔다.

역시나 어머니와 집사람은 약속 시각을 넘기고 있다. 어머니가 물 안마를 아직도 끝내지 못했나 보다. 로비 의자에 앉아 TV에 눈을 두고 있는 이들은 대개 남자. 어느 집이나 여자가 늦게 나오는 모양이다.

한 아낙네, 남편에게 엄청 화를 내고 있는데, 남편은 죄인처럼 미안해 죽겠다는 표정이다. 그 집은 아내가 먼저 나왔고, 남편이 너무 늦게 나왔다. 남편은 목욕탕 안에서 잠이 들어 자신을 찾는 방송도 듣지 못했다. 약속보다 두 시간이나 늦었다. 혼날만하다. 그래도 많은 사람이 보고 있는데 저렇게 거칠게 남편을 몰아세워야만 하는지 그 남편이 측은하게 느껴졌다.

더럽고 치사한 일, 수없이 겪으며 때려치우고 싶은 맘 꿈틀거려도 먹여 살려야 할 식구들 떠올리며 어금니 물고 버텨온 세월. 가장이라는 자리는 보람이지만, 때론 견디기 어려운 부담이기도 했더라. 일주일 내내 직장일로 고단에 찌든 남편, 일요일만큼은 잠이나 실컷 자고 싶건만, 등산 노래 부르는 아내를 거역할 수 없어 터벅터벅 따라나섰던 문수산 산행.

아내의 발걸음은 가볍고 남편의 발걸음은 무겁기만 했구나. 귀갓길 점심 겸 저녁으로 추어탕 한 그릇 먹고 목욕탕에 들러 잠시 눈 붙이려다 그만 너무 편히 잠들어버렸다. 그래서 이렇게 혼나고 있다.

어머니 나오시길 기다리며 내 맘대로 소설을 쓴다.

아낙이여,

남편을 용서하시라. 이해하시라. 그리고 새삼스럽겠지만, 연구해보시라. 남편이 직장 일을 즐겁게 하고 있는지, 자부심을 품고 하는지. 자부심은 남편 혼자 만드는 것이 아니니. 그대, 아내의 역할도 중요한 법이다. 남편의 기를 살리는 것도 당신이요, 남편의 기를 죽이는 것도 당신이니까.

그나저나 우리 어머니는 왜 아직도 안 나오시나. 오늘 유난히 늦으시네. "엄마한테 문자 보내봐라. 언제 나올 거냐고." 아들 녀석에게 이른다. 가만있자. 나, 나는 어떤가. 고등학교 교사라는 직업으로 20여 년을 살아온 나는? 아프도록 가슴을 쳐댄 일이 왜 없으랴. 남몰래 눈물 삼킨 일이 어찌 없으랴.

그래도 교사가 좋다. '나는 가수다.'를 흉내 내서 "나는 교사다."라고 외쳐봐? 아니다. '교육은 예술이다.' 이게 더 근사하다. 그래 맞다. 교육도 예술이다. 예술~.

구두 먼지를 털어내다가 쪼그려 앉았다.

돌아가신 아버지 생각이 난다. 출근할 때면 내 구두가 깨끗하게 닦여 있곤 했다. 아침 일찍 구두를 닦는 이는 아버지였다. 아들에게 해주고 싶은 게 오죽 많았을까만, 불편한 몸으로 하실 수 있는 일은 거의 없었다. 반짝이는 구두는 일터로 나가는 아들에게 보내는 아버지의 응원가였다. 그런데도 아들은 "구두는 뭐하러 닦고 그래요." 퉁명스럽게 말할 뿐, 고맙다는 말을 하지 못했다. 그 한 마디가 그리도 어려웠었나.

말년의 아버지는 여러 가지 병이 겹쳐 많이 앓으셨다. 걸음이 온전치 않아 자주 넘어지셨다. 여름 더위 제법이던 어느 날 아버지는 슬리퍼 신고 문밖에 나가셨다가 미끄러져서 얼굴을 심하게 긁혔다. 생채기로 범벅된 얼굴을 보니 화가 났다.

"운동화 신지 왜 슬리퍼를 신고 나가요."

소리를 질렀다. 아버지는 죄인처럼 미안함 가득한 표정으로 방바닥만 바라보셨다. 아픈 것이 죄인가, 넘어진 것이 죄인가. 아들은 아무 잘못 없는 아버지를 죄인으로 만들어버렸다.

날이 더워지면서 샌들 하나 사드려야겠다고 생각하다가 그냥 잊곤 했다. 진작 사드렸으면 넘어지지 않으셨겠지 싶어 마음이 무거웠다. 브랜드 익숙한 스포츠용품 판매점에 갔다. 맘에 드는 샌들을 들어보니 오륙 만 원은 줘야 사겠다. 만지작거리다 그냥 두고 나왔다. 중앙시장 허름한 신발가게로 갔다. 모양이 뭔 소용이야, 편한 게 제일이지. 혼자 변명하면서 가뿐해 보이는 샌들을 샀다. 이만 원 주고.

그걸 들고 집으로 오는 길, 내가 지금 무슨 짓을 한 건가. 자식 놈 신길 거라면 십만 원, 이십만 원, 아깝지 않았겠지. 병든 아버지 드리려니 오만 원이 아까웠구나.

"자, 아부지 신발 신어봅시다. 이거 아주 편하고 좋은 거유."

부끄러움 감추려고 익살을 부렸다.

아버지는 샌들을 신고 몇 발자국 걸어보시더니 편하다며 벙글벙글 하셨다. 몇 안 남은 앞니도 함께 웃는 것 같았다.

"이제 이거 신고 넘어지지 마요."

아버지는 알았다며 고개를 끄덕이신다. 옆에서 지켜보던 어머니는 아버지보다 더 흡족해하신다. 슬리퍼 멀쩡한데 샌들이 뭐 필요하냐며, 사오지 말라던 어머니였다. 넘어지는 아버지만 타박하던 어머니였다. 그런데 아버지 샌들 보고 어머니가 더 좋아하신다. 샌들 벗겨 드리고 고개 들지 못했다.

'아! 아부지~.'

진달래야, 고맙다

"아~부~지."

하늘을 향해 아버지를 불러본다. 나뭇가지 사이로 바람이 간다. 산수유 먼저 노란 봄을 알리더니 질세라 붉은 진달래꽃 대궐을 이뤘다.

"너희 덕분에 울 아버지 외롭지 않으리. 너희가 나보다 낫다."

나이 오십 되고 보니 눈시울이 젖을 때가 잦다.

아버지는 강화에서 오래도록 관광회사에 다니셨다. 국내외 관광 안내를 나가시다가 나중에는 배차 업무를 주로 하셨다. 지리부도보다 더 정확하게 대한민국 구석구석을 꿰뚫고 계셨다. 그 관광회사 기사님들은 관광객 모시고 멀리 나섰다가 길을 잃으면 무조건 아버지에게 전화했다. 그러면 아버지는 금방 어디 어디로 가라고 알려주시곤 했다.

아버지가 잠드신 충렬사 뒷산은 이제 여린 초록이다. 새순 올라온 잔디가 대견하다. 일흔 겨우 넘기시고 하늘로 가신 지 1년여. 그래도 가끔 아버지를 떠올리며 먹먹해한다. 도무지 사양이라는 걸 몰랐던 분. 그저 베풀기만 즐기셨던 분. 그래서 밖에서는 좋은 소리 많이 들었지만, 집안은 궁색을 면하기 어렵게 했던 분이 내 아버지였다.

내 어린 시절은 하루 세끼를 수제비로 때워야 할 정도로 어려웠다. 가난은 사람을 빨리 철들게 하는 법이다. 세발자전거가 밤마다 꿈에 보일 만큼 갖고 싶었지만 말하지 않았다. 그날도 문구점 앞에 서서 자전거를 보며 침만 삼키고 있었다. 우연히 지나가던 아버지를 만난 순간 나의 인내는 끝나고 말았다. 사달라고 조르고 또 졸랐다. 그래도 나는 자전거를 가질 수 없었다. 한 손에 풍선껌 두 개 들고 한 손은 아버지 손에 매달려 질질 끌려갔다. 울면서 집으로 갔다. 아팠다. 풍선껌으로 달래던 아버지는 몇 곱절 더 아팠을 것을 그때는 당연히 몰랐다. 그저 야속하기만 했다.

아버지는 관절염, 고혈압, 당뇨 등 찾아오는 병마다 사양하지 못하고 머리부터 발끝까지 다 받아들여 10여 년을 앓으셨다. 그랬던 아버지에게 마지막으로 찾아온 병이 치매였다. 긴 병에 효자 없다는 말은 나에게 어울리지 않는다. 나는 처음부터 효자와 거리가 멀었다. 아버지는 눈동자 가득 간절함을 담아 나를 보곤 하셨지만, 난 못 본 척 외면하기 일쑤였다.

어쩌다 입을 열면 투덜거림이었고, 빽빽 소리 지르기 일쑤였다. 이러면 안 되는데, 하면서도 또 그러고 또 그랬다. 왼쪽 어금니 아파 밥 못 드시겠다며 수저 내려놓으실 때, 걱정은 커녕, 왼쪽 아프면 오른쪽으로 씹으면 되지 않느냐고, 말 같지 않은 소리를 해댄 게 나다. 내 사랑니 빼고서야 왼쪽이 아프면 오른쪽으로도 씹을 수 없음을 알았다.

여러 해 대문 밖 거동도 못하던 아버지가 다시 병원에 입원하셨다. 몇 개월을 병실에서 힘들어하시는 얼굴을 보며 '차라리 돌아가시는 게 좋겠다.'는 몹쓸 생각도 많이 했다. 아버지를 위해서라는 핑계를 달고 입원실에서 요양병동으로 옮겨 드렸다. 요양병동에는 간병인이 있어 가족은 일단 환자에게서 해방된다. 아버지가 드신 방 이름은 진달래 방이었다.

"아부지, 이 방 조용하고 좋지? 일찍 자요. 내일 다시 올게." 기분 좋은 사람처럼 웃으며 말했다. 병실 문을 나서자마자 눈물이 터졌다. 엘리베이터를 기다리지 못하고 비상계단으로 뛰었다. 평생 자식에게 소리 한 번 지르지 않으셨던 분, 늘 따뜻하고 온화했던 아버지. 아픈 것이 죄가 아닌데 그런 아버지를 마치 죄인 다루듯 차갑기만 했던 아들….

은인, 정말 은인을 만났다. 간병인 아주머니는 지극한 정성으로 아버지를 돌봐주셨다. 아들은 몰랐던 욕창을 아주머니는 눈 밝게 알아보고 깨끗이 치료했다. 누워만 계셔야 하는 아버지 옆에서 말벗이 되어 주었다. 아이 달래 먹이듯 식사 수발도 허투루 하지 않았다. 밝고 편안해진 표정의 아버지를 보면서 나는 감사했다.

'아버지, 10년이든 20년이든 오래 살아요. 그깟 병원비 걱정하지 마시고.'

진심이었다. 집에 계실 때보다 건강한 얼굴로 웃는 아버지를 보면서 기도했다. 그러나 아버지는 봄이 오기 전에 한순간 촛불처럼 그렇게 눈을 감으셨다.

돌아가시면 좋겠다는 나쁜 마음을 품고 있을 땐 별일 없었는데, 막상 오래도록 사시기를 빌었더니 100일을 넘기지 못하셨다. 생각해보니, 못난 자식 놈 마음 덜 불편하게 해주려는 배려 같았다. 돌아가시기를 바랐을 때 정말 가셨다면 나는 평생토록 더 큰 죄스러움에서 벗어나지 못했을 것이다.

"아부지, 담배 참 맛나게 드셨네."

묘소에 놓아 드린 담배가 필터까지 탔다. 담뱃재가 그대로 길게 누웠다. 하루에 두세 갑 피우던 아버지에게 담뱃값 대기 힘들다며 성깔 부렸던 기억이 떠오른다. 날 바라보던 아버지의 슬픈 얼굴도 떠오른다. 이 세상 계실 제 불효했으니, 저 세상 계신 지금에라도 효도 흉내내고 싶다. 산 내려오는 길 구석구석 진달래꽃이 숨어서 나를 본다. 손도 흔든다. 나도 서서 손을 흔든다.

"얘들아, 고맙다."

우리 예쁜 옥동씨

"우리 예쁜 옥동씨 잘 있었어? 나 보고 싶어서 어떻게 참았어?" 하면서, 학교 다녀온 아이가 제 할머니를 와락 끌어안는다. '옥동이'는 여든 머지않은 우리 어머니이고, '나'는 고등학교 3학년 작은 놈이다. 그냥, 학교 다녀왔습니다, 하면 될 것을 녀석은 늘 예쁜 옥동이 타령하면서 할머니를 안는다. 버릇없는 어리광이다.

그래도 내버려둔다. 남들 보는 데서는 그러지 않으니까, 못 본 척한다. 손자 녀석의 엉덩이를 두드리며 "이느므 자슥." 하시는 어머니의 얼굴에 흐뭇한 미소가 번진다. 어머니가 흐뭇해하시는 일을 말리고 싶지 않다.

건강했던 어머니였다. 병원에 한 번 갈 일도 없어 의료보험료 내는 것이 아깝다던 어머니였다. 그러나 손자 놈 둘을 키우시면서 여기저기 병이 나서 지금은 안 아픈 곳이 없는 노인네가 되고 말았다. 종이 기저귀 해롭다고 면 기저귀 빨아서 쓰며 지성으로 먹이고 닦여 키우셨다. 아이가 밤새 보챌 때, 나는 잤지만, 어머니는 아이와 함께 밤을 지새웠다. 아이들 입학식, 학교행사에도 직접 가셔야 했다. 그렇게 24살, 19살, 멀끔하게 키워낸 손자들이 어머니에게 기쁨이고 위안이다.

두 녀석은 제 어미, 아비보다 할머니를 더 따른다. 나에겐 별 말이 없는데, 할머니하곤 이런 저런 얘기를 잘도 한다. 아이들의 근황을 어머니께 듣고 알게 될 때가 많다. 섭섭하지 않다. 어머니의 보살핌 덕에 나와 집사람은 육아 부담 없이 직장 생활을 할 수 있었다. 지금도 집안일을 어머니가 챙겨주신다. 나이 오십 넘도록 어머니에 의지해 사는 나와 집사람은 어머니를 여전히 엄마라고 부른다.

봄기운 완연한 날, 작은 아이와 둘이 아버지 묘소에 다녀왔다.

"승철아, 올해도 벌초 네가 해야지?"

"왜? 아빠가 하게?"

녀석은 당연히 자기가 할 뜻을 비친다. 아버지 산에 모신 첫 해는 낫으로 벌초했었다. 안 되겠다 싶어서 다음 해에 예초기를 샀다. 중학교 3학년짜리 작은 아이에게 예초기를 들리고 산에 올랐었다.

심한 기계치인지라 예초기를 처음 쓰려니 힘들었다. 도무지 제대로 되질 않았다. 옆에서 보고 있던 아이가 해보겠다는 걸, 위험하니 비키라고 호기 있게 밀어냈다. 하지만 힘만 들고 진척이 없었다. 결국, 아이가 예초기를 짊어지고 나섰는데, 아, 이 녀석이 제법 능숙하게 풀을 깎아냈다. 지도 힘들 테지만, 하나도 힘들지 않은 표정이다. 그렇게 벌초는 아들의 몫이 되었다. 이 다음에 할머니 산소 벌초도 자기가 할 거란다.

"당연하지, 자식아."

나는 겨우 이렇게 말했다. 우리 아이들이 제 할머니에게 잘하는 것이 고맙기도 하고 부끄럽기도 하다. 앞으로도 할머니의 희생과 사랑을 잊지 않았으면 좋겠다. 이름을 함부로 불러대는 무례함, 용서할 수 있으니 변함없이 뜨거운 포옹으로 할머니를 안아드리길 바란다.

앞으로도 오래도록….

정말, 오래도록이었으면 좋겠다.

영화를 사랑하는 노인

10년 동안 한 여자만을 기다리는 남자. 그래, 있을 수 있지. 그러나 자기 여자가 될 가능성이 전혀 없는, 그런 생각조차 할 수 없는 여자라면? 왜 기다리는데? 그냥 보고파서. 그렇게 기다리는 십 년이라면, 이야기가 달라진다. 그게 말이 돼?

남자는 하루도 빠짐없이 늘 그 자리에서 멀리 떠난 초등학교 때의 첫사랑을 기다린다. 남자가 바라는 건, 먼발치에서나마 그녀를 볼 수 있게 되는 것, 이 소망 하나뿐이다. 비현실적으로 보이지만, 그래서 더 저리는 사랑이야기, 차태현·하지원 주연의 영화, '바보'다. 냇가에 떠가는 종이배처럼 영화 따라 내 마음 흘러가다가 슬프지만 아름다운 마침표를 찍었다.

영화는 동화였다. 그냥 동화가 아니고 어른을 위한 동화다. 때로는 어른에게도 장난감이 필요하듯, 동화가 필요하다. 개봉한 지 꽤 오래된 영화지만, 적당히 나이 든 당신에게 권하고 싶다. 사랑을 제대로 모르는 젊은이보다 사랑이 뭔지 좀 알게 된, 그래서 한 발짝 떨어져 사랑을 관조할 수 있게 된 그대에게 더 어울리는 영화라고 생각하기에. '바보'로 가슴 덥히고 나면, 평온

함이 다시 찾아오리니….

"아! 고년, 어찌 그리 이쁘게 생겼냐! 어린 것이 연기도 잘 허데."

(하지원이 어린가?)

"한 30분 한 것 같은데, 어느새 두 시간이 갔냐. 한 너덧 시간 했으면 좋겠다."

(아이고 엄니, 진정하소.)

어머니도 영화가 꽤나 재밌었나 보다. 다리 통증으로 제대로 걷지 못하는 어머니는 문밖 출입을 거의 못하신다. 밖에 나가는 자체를 싫어하신다. 그런데 영화 보러 가자면 잠자코 따라나선다. 영화, 특히 한국영화를 좋아하고 극장을 좋아하신다. 자식 처지에서 어머니가 좋아하는 게 있다는 건 다행스러운 일이다. 하지만 3대가 함께 볼 가족 영화 만나기가 어렵다.

"잘 만들었네, 재밌어."

"김정은이냐 걔? 맨날 좀 덜떨어진 것 같은 역만 해서 그런 줄 알았는데, 오늘 보니 참 똑똑하고 야무지네."

"저거 찍느라 얼마나 고생했겠냐."

"복길이 연기 잘하지?"

"야, 운동선수들 불쌍하다. 실제는 저거보다 더 힘들게 훈련할 거 아니냐."

우리 어머니 신 나셨다. '우리 생애 최고의 순간(우생순)'을 보시고 기분이 확 풀리셨다. 그렇다고 모든 영화가 다 어머니 맘에 드는 건 아니다. 나는 극장 가서 본 영화가 맘에 안 들면 돈이 아깝다는 둥, 저걸 영화라고 만들었냐는 둥 툴툴거리고 욕한다. 어머니는 한 번도 그런 적이 없다.

영화가 재미없어도 나처럼 막말하지 않는다. 그걸 만드느라 고생한 사람들의 정성을 생각하시는 모양이다. 어머니가 맘에 들지 않은 영화는 이렇게 말씀하신다. "중간에 몇 번 졸았다." 어떤 영화였던가, 한 번도 졸지 않고 영화를 보셨는데, 나와서 툭 한마디 하셨다.

"이 영화는 왜 남는 게 없냐. 영화보고 나오면 가슴에 뭔가가 남는데 이 영화는 그런 게 없어."

아, 노인네도 이런 말씀을 하실 수 있구나.

요즘 어머니 건강이 더 나빠져서 차를 타지 못하신다. 영화관에 가실 수 없다.

'엄마, 힘 좀 내봐. 차 타고 극장갈 만큼이라도.'

어머니와 짜장면

집사람이 직장 동료들과 저녁을 먹어야 한단다.

내가 얼른 가서 어머니 저녁을 챙겨야 한다. 평생 부엌살림 맡아 오신 노모는 이제 밥 한 끼 해내기도 버겁게 아프시다. 뭘 사갈까, 그래 김밥 두 줄 사서 컵라면이랑 먹으면 되겠다.

김밥 사갈게요, 전화했더니 어머니는 짜장면을 사오라고 하신다. 이런, 난 어제 짜장면을 먹었다. 오늘은 먹고 싶지 않은데 어머니는 그걸 드시고 싶어한다. 할 수 없지. 짜장면 한 그릇하고 김밥 사가야겠다. 전화가 다시 온다. 어머니다.

"애, 날이 차서 그런지 짬뽕 생각이 난다."

"어쩌라구요."

나답게 퉁명스럽게 묻는다. 속으로는 '아이고 그 변덕….' 어머니 흉을 본다.

"짜장면 하나 짬뽕 하나 사와라, 나눠 먹게."

어쩔 수 없이 김밥을 포기했다. 중국집에 들러 짜장면과 짬뽕을 사와서 먹었다. 어머니는 맛나게, 나는 그냥 그럭저럭.

그래도 어머니가 먹고 싶어 하는 음식이 있다는 게 다행이다. 지난 봄 병원에 입원해 계신 동안 밥맛을 잃어 아무것도 못 드시던 어머니였다. 열 가지 음식을 불러봐도 다 생각 없다고 하실 때, 참 갑갑하였다. 그렇게 좋아하시던 참외마저 싫다고 하셨다. 참외가 싫다는 말씀을 하실 때 나는 가슴에서 뭔가 쿵 떨어지는 느낌을 받았다.

그동안 나는 (지금도 여전히) 어머니에게 고맙다는 말, 죄송하다는 말을 못하고 산다. 그게 뭐 그리 어려운 일이라고. 직장에선 잘만하고 살면서 가족에겐 그 말을 못한다. 고마울 때 고맙다는 말 대신, 미안할 때 미안하다는 말 대신 어머니 앞에 참외 봉지를 내려놓곤 했었다. 그런데 참외가 싫다고 하셨다.

툭하면 인상 쓰고, 소리 지르고, 짜증 부려서 어머니 속을 휘저어 놓는 나다. 유일하게 아들 노릇 하는 것이 드시고 싶다는 거 사드리는 것인데, 그마저 못하게 되니 속상했었다. 이 가을, 다시 먹고 싶은 음식을 찾아낸 어머니가 그래서 고맙다.

생각해보니 아버지의 마지막 외식도 짜장면이었다. 병원 음식이 입에 안 맞는다며 못 들고 계실 때, 드시고 싶은 게 뭐냐고 물었더니 짜장면이라고 하셨다. 배달해드리겠다고 했더니, 잘 가시던 단골집에 직접 가서 먹고 싶다고 하셨다. 난감했다. 어린아이 달래듯 말했다.

"아부지, 짜장면은 그 맛이 그 맛이고 그 집이 그 집이에요. 몸도 불편한데 힘들게 뭐하러 밖에 나가요. 그냥 여기로 시켜드릴게."

실패했다. 간호사의 허락을 겨우 받고 환자복 차림에 링거까지 꽂은 아버지를 모시고 짜장면 집으로 향했다. 자동차 뒷좌석에 앉은 아버지의 얼굴에 모처럼 행복한 미소가 스몄다. 아버지는 짜장면만큼이나 병원 바깥 공기가 그리웠는지도 모른다. 중국집에 들어가니, 주인도 손님들도 우리 일행을 바라봤다. 링거 꽂은 환자가 여기서는 흔한 모습이 아니지. 좀 민망했지만 어쩔 수 없었다.

이도 없는 양반이 어찌도 그리 달게 드시는지. 내가 덜어드린 짜장면까지 거뜬히 다 드신 아버지였다. 혹시 탈 나지 않을까 걱정했는데, 다행히 괜찮으셨다. 그때는 몰랐다. 그게 아버지의 마지막 외식이 될 줄은. 그렇게 병원에 몇 개월 더 계시다가 하늘로 가셨으니까.

아버지에게 나는 참 못돼먹은 아들이었다. 묘소 앞에서 눈물을 뿌리며 후회했지만, 그게 무슨 소용이랴.

'아부지, 잘못했어요. 엄마한테는 소리 안 지르고 성질도 안 부리고 잘할게요. 잘 모실게요. 그러니 걱정하지 마요.'

누가 시킨 것도 아닌데 난 아버지 묘 앞에 서서 홀로 다짐했었다. 그랬던 내가 지금 다시 아버지에게 그랬듯 어머니에게 못되게 군다.

어머니는 하고 싶은 이야기도 많다. 온종일 말벗 없이 홀로 계시다 아들 퇴근해 오면 아무 말이든 하고 싶다. 아들은 들어주지 않는다.

"됐어요."

퉁명스럽게 내뱉고는 제 방으로 들어가 버린다. 잠깐 듣는 척할 때도 "결론만!"하고 말을 뚝 자른다. 어머니는 그런 자식이 야속하다.

"재가 늙어가면서 왜 저렇게 됐냐."

혀만 차신다. 내일은 퇴근길에 마트 들러 참외 있는지 봐야겠다. 요새 참외는 맛이 어떠려나.

초심! 가을 하늘 같은

나는 행동보다 말이 앞서는 것을 좋아하지 않는다.

허풍선이가 되고 싶지 않다. 말이 자주 앞서면 신뢰가 깨지는 법, 그래서 조심하며 살아왔다. 집 밖에서는, 말을 뒤에 세우고 사는데 어느 정도 성공했다고 생각한다. 그러나 집사람에게는 참 무책임한 남편이 되고 말았다. 영락없는 허풍선이었다.

결혼할 때, 그랬다. 결혼 10주년에는 외국 여행시켜주겠다고. 그러나 아무 곳도 가지 못했다. 미안했다. 그래서 20주년 때는 꼭 비행기 타고 외국 나가자고 큰소리쳤다. 유럽 못가면 동남아라도 가자고.

세월이 갔다. 20주년이 됐다. 또 가지 못했다. 아내에게 죄지은 기분이었다. 크고 작은 일들이 발목을 잡아서 비행기 탈 계획조차 세우지 못했다. 지난 봄 결혼 21주년 되던 날, 우리 부부는 드디어 여행길에 올랐다.

비행기 타고 가는 외국이 아니었다. 여행지는 충청북도 제천시, 1박 2일짜리 간단 여행이었다. 그래도 아내는 대만족이었다. 내가 여행지를 '지혜롭게' 선택한 덕이다. 우리가 갔던 곳은 제천시 백운면 화당초등학교였다. 집사람이 25년 전에 교사로 첫 발령 받아 근무했던 곳이다.

'첫' 자는 누구에게나 설렘이고 향수다. 아내는 그곳을 떠나온 후 한 번도 가보지 못했다. '언젠가는 가봐야지.' 그러면서 살았을 것이다. 화당초등학교에 들어서니 "어머 그대로야!" 아내는 어린아이처럼 좋아했다. 여기저기 구석구석 다 돌아보며 스물네 살 그때를 추억했다. 나를 끌고 다니며 여기는 뭐였고 여기는 뭐였다고 신나서 설명했다. 그러더니 어느 순간 눈물까지 쿡쿡 찍었다.

나오는 길, 어느 농가에서 사과 상자를 차에 싣는 게 보였다. "이 동네 사과 정말 맛있어!" 집사람의 한 마디에 나도 한 상자 사서 실었다. 겨우내 어찌 보관했는지, 단단하고 달았다. 수안보로 가서 호텔에 들었다. 이름은 호텔인데, 실제는 여관 같은 방이었다. 그래도 나쁘지 않았다. 맥주 한 잔씩 나눠 마시며 모처럼 이야기를 나눴다.

아이들 얘기, 학교 얘기를 하다가 자연스럽게 '초심初心'으로 흘러갔다. 아! 가슴 두근거리며 첫 직장으로 출근할 때의 기분을 어찌 잊을 수 있을까. 모든 것이 서툴지만, 마음가짐은 반듯했고 의욕이 넘쳤다. 윗사람에게 잘 보이기 위해서가 아니라 그냥 일이 좋아 신명나게 뛰었다. 몸도 마음도 함께 뛰었다. 그랬는데 어느새 마음이 서고 몸이 서고 그러다 보니 녹이 슬고 말았다. 모든 기운이 입으로만 모여 "우리 때는 말이야…." '왕년에' 타령만 잘한다. 이제 녹을 씻어내자. 마음의 녹을 씻어내면 자연스레 몸의 녹도 씻긴다. 초심으로 돌아가자. 80%만이라도! 우리 부부의 여관방 대화는 참으로 '건설적'이었다.

손가락 꼽아보니 내가 양곡고등학교에 근무한 지가 어느새 20년이 다 되어 간다. 나름대로 열심히 살았다. 교사로서 부끄러움 크지 않았다. 그랬는데 시나브로 …, 이제는 선생님들에게도 학생들에게도 부끄럽다. 그래도 초심을 잊지 않으려 애쓸 수 있는 것은 매일 식구들보다 더 오랜 시간을 함께 살아가는 동료 교사들 덕분이다.

은근히 나이대접 받고 싶은 마음이 동하다가도, 나보다 더 나이 많은 선생님들이 마치 서른 살 청년처럼 파릇한 의욕으로 가르치고 일하는 것을 보며 움칠하게 된다. 정년퇴임 얼마 남지 않은 선생님이 담임을 자청하여 맡고, 학급 아이들과 친구처럼 어우러지는 모습을 보며 감동했다. 내가 배울 선생님들이 많은 덕에 덜 부끄러운 교사로 살아갈 힘을 얻는다.

가을이 익어간다.

제천의 사과도 맛있게 익었을 것이다. 이 가을이 다하기 전에 다시 한 번 가보고 싶다.

바보 같은 여인

마누라 자고 있다 이불 걷어차고
다시 덮어 주고 얼굴을 본다 여위었다
이마에 말라붙은 머리카락 몇 올 쓸어 준다
살짝 콧소리에 고단함 진하다
이 여인과 한이불 덮고 23년인가 24년인가

일터에선 사람 좋은 척 허허하다가
집에 와서 탈을 벗고 온갖 성질 다 부릴 때
아내는 환하게 받아주었다 찌푸리는 법이 없었다
늘 그랬다
낙천적인 성격이야 부러운 일이야 내게도 복이지
그냥 그렇게 생각했었다
참으로 무심하였다

인생살이 힘겹고 눈물겨운 건 누구나 마찬가진데
남편한테 어둔 얼굴 안 보이려고

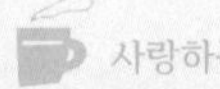

지친 남편 더 지치지 않게 하려고
속으로 쥐어짰을 마누라 아픔
왜 헤아리지 못했던 걸까
얼마나 힘들었어
얼마나 쓸쓸했어
촛불 빛내주려 호롱불 불어 끈
바보
나에게 가장 귀한 사랑아
못난 사람아

형님 먼저, 아우 먼저

'효孝 · 제悌 · 충忠 · 신信'이라는 유교 덕목이 있습니다. 여기서 '제'가 형제간의 우애를 말한다는데, 제가 아주 부러워하는 글자입니다. 이 '제'야말로 효의 근본이라고 생각합니다. 자식놈들이 서로 우애 있을 때, 부모의 마음이 얼마나 흐뭇합니까?

다른 집 아이들도 그렇다고는 하지만, 우리 집 아이들은 정말 잘 싸웁니다. 형 놈은 형답지 못하고 동생 놈은 동생답지 못해서입니다. 동생 녀석은 무엇이든 자기가 우선입니다. 컴퓨터를 거들떠보지도 않다가 제 형이 하려고 하면, 자기가 먼저 하겠다고 떼를 씁니다. 형 녀석은 그런 동생이 괘씸합니다. 다섯 살이나 어린 동생을 마구 팰 수도 없어, 혼자서 억울함을 삼키곤 합니다.

어쩌다 두 녀석이 사이좋게 노는 걸 보면 기분이 좋아집니다. 둘이 잘 놀 때는 주로 공차기할 때입니다. 동생 녀석은 슛을 좋아하고 형 녀석은 골키퍼 하기를 좋아합니다. 얼마나 다행인가요. 두 놈 다 골키퍼 하겠다고 하거나, 슛만 하겠다고 하면 골치 아플 텐데 말입니다.

저에겐 형도 누나도 없습니다. 남동생 하나가 있었습니다.

동생은 저보다 네 살 아래입니다. 쾌활한 성격에 공부와 운동을 모두 잘했습니다. 그런데 저는 동생을 예뻐하지 않았습니다. 어릴 때 함께 놀아준 기억도 거의 없습니다. 먹을 것이 있어도 나눠줄 줄 몰랐습니다. 라면을 두 봉지 끓이면 제 몫이 2/3고, 동생 몫은 1/3이었습니다. 늘 그랬습니다. 먹성 좋은 동생은 더 먹고 싶었을 테지만 한 번도 더 달라고 보채지 않았습니다. 동생이 형 같고 형이 동생 같았습니다.

베푸는 것에 아주 인색했습니다. 서랍 속에서 굴러다니는 안 쓰는 볼펜이라도 동생이 달라고 하면, 한마디로 거절하던 저였습니다. 형 대접만 받으려고 했지 형답게 말하지도 행동하지도 못했습니다.

딱 한 번 형 노릇 한 적이 있습니다. 제가 고등학교 다닐 때였습니다. 그동안 모아왔던 우표를 동생에게 다 주었습니다. 저는 초등학교 때부터 열성으로 우표를 수집했습니다. 딱지랑 구슬 팔아 모은 돈까지 우표 사는 데 썼습니다. 그런데 어느 순간 내가 가진 모든 것들이 귀찮게 느껴졌습니다. 우표도 그랬습니다. 그래서 오랫동안 내 우표를 부러워하던 동생에게 주어버린 겁니다. 동생을 위해서라기보다는 저 자신을 위해서 줬을 겁니다.

동생은 좋아했습니다. 감격한 표정으로 정말 자기에게 주는 거냐고 되묻곤 했습니다. 그렇게 기뻐하는 모습은 정말 처음 봤습니다. 2, 3일이 지났습니다. 동생은 세상에서 제일 슬픈 표정으로 제게 말하더군요.

"형아! 미안해."

어떤 나쁜 놈이 동생의 우표책을 통째로 훔쳐갔던 것입니다. 동생의 기쁨은 사흘을 넘기지 못했습니다. 뚝뚝 떨어지는 동생의 눈물을 보며 생각했습니다.

'차라리 우표책을 주지 않았더라면, 그렇게까지 슬퍼할 일도 없었을 텐데….'

얼마 후, 더운 여름날이었습니다. 동생이 친구 집에 놀러 가다가 교통사고를 당했습니다. 다시는 깨어나지 않았습니다. 그게 끝이었습니다. 그렇게 먼저 동생은 하늘나라로 갔습니다. 동생을 묻으며 많이 울었습니다. 슬퍼서 울었습니다. 미안해서 울었습니다. 동생이 열다섯 살을 먹도록 정겨운 말 한마디 해주지 못했던 병신 같은 저 자신이 한심해서 울었습니다. 아득한 세월이지만, 지금도 동생에 대한 미안함이 씻기지가 않습니다.

큰 아들이 동생 녀석 미워하는 걸 볼 때마다 가슴이 아픕니다. 막 화가 납니다.

'저놈이 날 닮아서 저러나….'

아니라고 믿습니다. 비록, 지금 두 녀석이 티격태격 거리지만 철들면 서로서로 보살피고 아껴주는 정겨운 형제가 되리라 믿습니다. 꼭 그리되기를 두 손 모아 비는 마음입니다.

이 글을 쓴 때가 십 년도 더 된 것 같네요. 이제 애들이 다 커서 더 이상은 싸우지 않습니다. 그래도 '서로서로 보살피고 아껴주는 정겨운 형제'는 아닌 것 같습니다.

아비의 기도는 계속됩니다.

아이랑 미술관에 가보세요

둘째 아이가 초등학교 들어가기 전입니다. 강화도 안에 있는 미술관 소개 글을 써야 해서 심은 미술관에 갔습니다. 혼자 가야 편안한데, 집이 비는 바람에 어쩔 수 없이 작은놈을 데려갔어요. 천방지축으로 까불어대는 여섯 살짜리 아들 녀석을 차 뒷자리에 태우고 가는데 신경이 많이 쓰이더군요.

전시실을 돌며 그림을 보기 시작했습니다. 그런데 의외의 일이 벌어졌습니다. 아들 녀석이 제법 진지하게 작품들을 보고 있는 겁니다. 그래서 말을 걸어봤죠.

“어떤 그림이 제일 멋있어?” 녀석은 망설임 없이 그림 한 점을 가르키더군요. 그래서

“왜 멋진데?” 이렇게 멍청하게 물어봤습니다. 그랬더니 녀석도 멍청하게 대답하더군요.

“그냥!”

이리되면 할 말 없는 거죠.

“그 다음으로 멋있는 건?”

“저거.”

전시실을 옮겨 갈 때마다 똑같은 질문을 해봤습니다. 아이의 대답을 들으면서 지금까지 몰랐던 것을 새로 알게 되더군요.

'아! 우리 아이가 저런 색깔을 좋아하는구나.', '저런 구도를 예뻐하는구나.'

아이가 멋지다고 지목했던 작품들의 색과 구도에 공통점이 있던 겁니다. 사소한 것 같지만 제 나름대로 의미 있는 발견이었습니다.

화가가 무엇을 그린 건지 잘 알 수 없는 그림 앞에 섰습니다. 어느새 아이에게 물어보는 게 재밌어졌습니다. 그래서 좀 '교육적'인 질문을 해봤어요.

"이게 뭐야 승철아, 아빠는 아무리 봐도 모르겠네. 네가 좀 가르쳐줘라."

뭐, 이렇게 띄워준 겁니다.

그랬더니 신이 나서 설명합니다. 제가 보기엔 나비 같았어요. 그런데 녀석은 우주선 타고 어쩌고저쩌고, 화산이 폭발해서 어쩌고저쩌고…. 아이의 재미있는 상상력을 엿볼 수 있었습니다. 저에게 미술에 대한, 그림에 대한 최소한의 식견이 있었다면 아이와 좀 더 멋진 대화를 해볼 수 있었을 것입니다. 아니, 아이를 좀 더 이해할 수 있었을 겁니다.

여러분의 자녀가 어리다면 가끔 미술관에 데려가 보세요. 내가 낳은 내 새끼의 새로운 면모를 보게 될지 모릅니다. 주의사항이 있어요. 미술관에 들어갈 때, 아이의 기분이 좋아야 합니다. 종알종알 재잘거려야 아이의 반응을 쉽게 확인할 수 있으니까요. 억지로 데려간 아이가 뚜웅~, 하고 있으면 효과를 기대하기 어렵습니다.

그러면 아이가 직접 그린 그림을 통해서 아이의 숨은 생각을 엿볼 수는 없을까요? 어느 정도 가능하다고 합니다. 우리 학교 미술교사 조 선생님은 미술 치료를 공부해서 아이들 상담에 활용하는데요, 어떨 때는 소름 끼칠 정도로 맞아떨어진다고 합니다. 인간의 복잡한 내면을 그림 하나로 완전하게 읽어내는 것은 어려울 겁니다. 그래도 아이가 그린 그림 한 장이 아이가 겪고 있는 고통을 찾아내 치유하는 첫걸음이 될 수 있습니다. 좋은 책들도 많이 있다니 관심 가져보면 어떨까요.

실제로 경험한 사례를 말해달라고 조 선생님한테 부탁해서 들은 건데요, 소심하고 위축된 아이들은 뭘 그리던 작게 그리는 편이랍니다. 무엇을 그리게 할까? 주로 사람이나 나무 또는 집을 그리게 합니다.

폭력이나 따돌림 같은 상처를 경험한 아이는 사람 얼굴을 그릴 때 눈, 코, 입을 제대로 그리지 않는답니다. 눈이 없거나, 코가 없거나, 입이 없거나. 아예 눈·코·입을 다 생략하기도 합니다. 아이는 부모에게 의지하기 마련인데 여러 가지 사정으로 그게 어려운 아이들은 발을 그리지 않습니다. 발 잘린 전신사진 같은 그림을 그리는 것이지요.

나무를 그렸는데, 잎 없이 가지만 앙상한 나무라면, 의욕과 포부가 없거나 좌절된 상황을 암시합니다. 집을 그렸는데 굴뚝에서 검은 연기가 나는 모습이라면, 가정불화를 겪고 있을 가능성이 큽니다. 이상해서 물어봤습니다.

"요즘 굴뚝에서 연기 나는 집이 어딨어?"

"그러게요. 근데 그렇게 그리더라니까요. 신기하죠?"

나 목요일에 뭐했지?

"아빠, 나 목요일에 뭐했지?"
"야, 이 녀석아, 네가 사흘 전에 뭐했는지 아빠가 어떻게 알아?"

개학 임박했을 때, 초등학생 작은아이와 제가 자주 나눴던 대화입니다. 아이가 사나흘 전, 심지어 일주일 전에 뭘 하며 하루를 보냈는지 고민하는 건 묵은 일기를 쓰기 위해서입니다. 그냥 놔두면 방학 내내 일기 한 번 안 쓸 녀석인데, 그나마 제 어미가 잔소리해서 이 정도입니다.

"잘 생각해봐, 아빠!"

"너 그날 말 안 들어서 엄마한테 혼났잖아. 그거 써."

"그거 말고…."

그래도 지가 잘못한 건 쓰기 부끄러운 모양입니다.

그동안 아이가 일기에 어떤 내용을 쓰는지 관심을 두지 않았습니다. 그런데 일기 때문에 끙끙대는 걸 보면서 무슨 말을 쓰고 있는지 보고 싶어졌습니다. 아이 몰래 일기를 훔쳐보았습니다. 언젠가 책상 위에 일기 공책이 있기에 무심코 펼쳤는데, 녀석이 정색하며 빼앗더라고요. 자신의 일기를 볼 수 있는 사람은 담임

선생님뿐이라고 생각하는 것 같았습니다.

몰래 읽는 일기는 뜻밖에 재미있더군요. 어린놈이 어울리지 않게 〈풀하우스〉, 〈구미호외전〉 같은 드라마 평을 해놓았습니다. 피자를 세 조각 먹고 싶은데 아빠가 두 조각밖에 안 줘서 슬프다는 내용도 있습니다. 혼자 낄낄대며 읽다가 헉! 웃음을 멈췄습니다.

'엄마랑 아빠랑 싸웠다, 그래서 짜증이 났다.'

의외로 저를 흉보는 내용이 많이 나옵니다. 좀 억울한 마음이 없지는 않으나 아이 입장에서는 그럴 수 있을 것 같습니다. 반성할 게 많았습니다. 꼬박꼬박 아이의 일기를 읽으며 자상한 답변까지 적어주시는 담임선생님께 부끄럽다는 생각도 들었습니다. 당신의 어린아이가 일기를 쓰고 있다면, 언제 한번 슬쩍 열어보세요. 그 안에 '생각거리'가 담겨 있습니다. 어쩌면 당신에게 '보물 창고'가 될지도 모릅니다.

우리 잠깐 생각해보죠. '교사가 행하는 일기 검사는 아이들의 인권을 침해하는 일인가?' 이 문제가 한동안 사회의 이슈가 된 적이 있습니다. 그런 생각을 해본 적이 없었는데, 듣고 보니 '그럴 수도 있겠다.' 싶었습니다. 여러분 생각은 어떠세요?

저는 담임선생님의 일기 검사를 금해야 한다는 주장에 찬성하지 않습니다. 그 누구도 초등학교 교사들에게 일기 지도를 강제하지 않았습니다. 그럼에도 그분들은 바쁜 시간을 쪼개서, 수십 명이나 되는 아이들의 일기를 읽으며 맞춤법 틀린 것을 바로잡아주고, 칭찬과 격려의 답글까지 달아줍니다. 교사들이 자발적으로 고단한 작업을 행하는 것은 일기 검사의 교육적 효과를 알기 때문입니다.

초등학교 저학년 아이들은 일기를 선생님과 자신만의 대화 통로로 여기는 것 같습니다. 일기를 통해 자신이 선생님께 하고 싶었던 말을 직·간접적인 표현으로 전달합니다. 담임선생님은 아이의 일기를 읽으며 그 아이의 정서·환경·고민 등을 파악합니다. 그리고 대화합니다. 학교 현장에서의 글쓰기 지도가 쉽지 않은 현실이기에, 일기 검사가 갖는 교육적 가치가 여전히 크다고 믿습니다.

독서가 소중한 이유

큰애 어릴 때, 녀석이 잠들기 전에 옛날이야기를 해주곤 했습니다.

한동안 하다 보니 이야기 감이 바닥났습니다. 그냥 자라고 하면 보챕니다. 그래서 즉흥적으로 이야기를 지어 해주기도 하고, "춘향이가 몽룡이랑 사랑을 했는데, 어느 날 아버지 심봉사의 눈을 뜨게 하려고 바다에 빠졌거든. 용왕님이 춘향이를 잡아다가 간을 내놓으라고 하는 거야." 하는 식의 엉터리 짬뽕 이야기를 해주기도 했습니다. 그러다가 드디어 좋은 이야깃거리를 찾았습니다.

"떡장수 할머니가 산길을 가는데 호랑이가 나타나서 '떡 하나 주면 안 잡아먹지.' 그러는 거야. 떡 하나 주니까 호랑이가 가버렸어. 계속 길을 가는데 호랑이가 또 나타났어. 호랑이는 '떡 하나 주면 안 잡아먹지.' 또 그러는 거야." 이렇게 '떡 하나 주면 안 잡아먹지.'를 몇 번 반복하면 어벙한 우리 장남, 그대로 잠들었습니다.

작은 녀석 어릴 때도 써먹어 봤습니다. 침대에 뉘어 놓고 '떡 하나 주면 안 잡아먹지.'를 목소리 바꿔가며 몇 번 했지요. 우리 차남, 잠잘 기색 없이 눈을 말똥말똥 뜬 채 듣고 있더니 저에게 이러더라고요. "아빠, 떡 전부 다 줘버려."

생뚱맞게 웬 옛날이야기 타령? 한 몸에서 나온 애들도 많이 다르더라는 말씀을 드리려고 한 것입니다. 키워보니 큰애와 작은애가 정말 많이 다르더군요. 그래도 일치하는 것은, 두 놈 다 책 읽는 걸 싫어하는 것입니다. 책에 흥미를 갖도록 가르치지 못한 우리 부부의 탓이 크지요.

어떤 분이 제 글을 읽고, '아이가 책을 읽지 않는 것은 부모가 책을 읽지 않기 때문이다, 어릴 때부터 부모의 책 읽는 모습을 보며 큰 아이들은 자연스럽게 책을 가까이하게 된다.'는 글을 인터넷에 올린 적이 있습니다. 저는 그 글을 보며, '이 분은 아직 결혼하지 않은 것 같다.'고 생각했습니다. 부모가 책을 좋아해도 안 읽는 아이들은 안 읽는다는 걸 모르신 것 같아서요. 책 읽는 아비 옆을 지나가며, "아빤 책이 그렇게 좋아?" 하는 아이도 있는 법입니다.

아무튼, 그렇고요, 독서는 정말 중요합니다. 독서와 공부를 구분하는 부모가 있을 수 있는데, 그러지 마세요. 독서가 곧 공부입니다. 독서가 성적도 올려줍니다. 특히 아이의 학습 부담이 상대적으로 적은 초등학교, 중학교 때 될 수 있는 대로 다양한 독서 경험을 하게 해주는 것이 좋습니다.

얼마 전 서울의 한 중학교에서 열린 NIE(신문활용교육) 시간에 있었던 일이다. "신문에서 모르는 단어를 찾아 뜻을 적어오세요."라는 선생님의 숙제에 한 학생이 공책을 내밀었다. 공책에는 이런 단어가 적혀 있었다. '사담: 개인끼리 사사로이 나누는 이야기, 후세인: 뒤따라오는 세대의 사람들.' 담당교사는 어이가 없어 한동안 말을 잇지 못했다. 그 학생은 '사담 후세인'이란 인물을 몰랐던 것이다!
극단적인 사례지만, 이런 '기가 막힐 노릇'이 우리 학생들에게 펼쳐지고 있는 게 현실이다. 여러분의 자녀라면 "괜찮아. 어려서 그럴 수 있어.", "사담 후세인 모른다고 대학 못 가겠어?" 하고 안심할 것인가. 이 학생은 단순히 사람 이름을 모른 것이 아니다. 글은 읽지 않고 글자만 본 것이며, 생각 자체를 하지 않은 것이다.

_〈조선일보〉 2009. 9. 23.

'글은 읽지 않고 글자만 본 것' 이게 문제인데요, 독서 경험이 부족해서 이런 일이 벌어지는 것입니다. 어떻게 하면 영어를 더 잘하게 할 수 있을까, 수학을 잘하게 하려면 어찌해야 하나, 이런 고민이 중요하지만, 독서만큼 중요하지는 않습니다. 독서를 통해 글자가 아닌 글을 볼 수 있게 되면 시험 문제 풀 때 지문 읽는 속도가 빨라지고 주제 파악 능력이 향상됩니다. 독서는 자녀의 가슴뿐 아니라 머리도 살찌우는 보약입니다. 저는 비록 실패했지만, 여러분은 성공하세요.

잠만 자는 엄마, 아빠

일요일엔 뭐하세요?

저는 주로 밀린 잠을 잡니다. 아침밥도 거른 채 내처 자고 싶지만, 어머니께 혼날까봐 대충 먹고 다시 잡니다. 물론 매주 그렇지는 않습니다. 어쩌다 한 번씩은 애들을 데리고 나가죠. 그런데 나들이가 즐겁지는 않습니다. 그저 아비로서의 의무감이라고 해야겠죠.

어느 해 봄날, 큰맘 먹고 서울랜드에 갔습니다. 여기 강화도에서는 제법 먼 곳이지요. 그 넓은 서울랜드, 그냥 걷기도 힘들더군요. 놀이기구 잠깐 타려고 한 시간씩 기다리는 고단함을 몇 번 겪고서 완전히 지쳐버렸습니다. 저는 파김치가 됐지만, 애들과 집사람은 여전히 씽씽하더군요.

뭘 공연했는지 기억나지 않는데, 하여간 공연장이 하나 있었습니다. 그곳에 식구들만 들여보내고 저는 공연장 입구 언저리에 앉아 있었죠. 담배 한 대 피우며 쉬고 있었습니다. 쉬면서 주위를 돌아보니 저 같은 아빠들이 여럿 보였습니다. 얼굴에 잔뜩 피로감 배어 있는 가장들의 모습을 보면서, 동병상련이라는 게 이런 거지 싶었습니다.

아빠 여러분! 힘들어 고단해도, 그래도 일요일엔 아이들에게 즐거움을 줄 수 있도록 노력해봅시다. 자식 놈들 웃음소리가 피로회복제 아닙니까?

어느 초등학교 1학년 교실에서 이런 일이 있었답니다.

미술시간이었대요. 선생님은 아이들에게 그림을 그리도록 했습니다. 일요일에 엄마, 아빠랑 놀러 갔던 걸 그리라고 했습니다. 지난 일요일에 안 갔으면, 그전 일요일, 그 전전 일요일도 좋다고 했습니다. 놀러 간 적이 없으면 그냥 즐거웠던 일 아무거나 그리라고 했습니다.

아이들은 저마다 도화지 위에 신나는 일요일을 그리기 시작했어요. 그런데 한 아이가 아무것도 그리지 않는 겁니다. 금방이라도 눈물이 뚝뚝 떨어질 것 같은 표정이었죠.

선생님은 멀찌감치 서서 그 아이를 지켜보고 있습니다. 마침내 아이는 크레파스를 들어 뭔가를 그리기 시작합니다. 드디어 완성! 뭘 그렸을까요?

놀이공원, 자전거 타기, 축구, 드라이브 …, 다 아닌 거 아시죠? 그럼, 텔레비전 보는 거? 그것도 아닙니다. 엄마와 아빠가 이불 속에 곤히 잠들어 있는 모습. 그 옆에 혼자 쪼그리고 앉아 있는 아이의 모습이었습니다. 일요일 오후의 풍경이었습니다.

밤늦게까지 직장 일을 해야 하는, 그래서 일요일이면 수면으로 피로를 풀어야 했던, 아이의 엄마가 학교에 왔습니다. 자식의 그림을 보았습니다. 만감이 교차한 표정으로 아무 말도 못 하더랍니다. 지금, 그 아이의 엄마·아빠는 아이에게 즐거운 일요일이 되게 하려고 무진장 애쓰고 있다고 합니다.

젊은 아빠 여러분! 주5일 근무제로 휴일이 이제 이틀입니다. 어떨 때는 이틀 쉬는 것이 꼭 좋지만은 않죠? 그래도 시간 쓰기에 여유가 더 생겼으니, 아이들을 위한 봉사 시간도 가끔 마련해 보세요. 아마 길지는 않을 겁니다. 애들 4, 5학년만 돼도 부모 안 따라다니려고 하니까요. 그때까지만이라도, 파이팅!

'선생님 아빠'의 체면

큰 애가 무사히 제대하고 복학해서 다시 학교 다니고 있습니다. 다음 글은 아이가 중학교에 입학했을 때 썼던 글로 『가슴으로 크는 아이들』에 실었던 것입니다. '선생 자식'의 한 단면이 드러납니다. 다시 읽어보니 아들에게 미안한 마음이 되살아나네요.

승재야, 아빠가 지금, 너에게 편지를 쓰려고 해. 매일 얼굴 보면서 새삼스럽게 웬 편지냐고? 선생님이라는 직업을 가진 아빠의 입장에서, 그동안 너에게 품어왔던 미안함을 고백하고 싶어서야. 이제 너도 아빠 말을 이해할 만큼 철이 들었을 거라는 기대감으로 이 글을 쓴다.

너 초등학교 1학년 때의 그 사건 기억나니? 너희 반 여자 친구에게 '××년'이라고 험악한 욕을 했던 일 말이야. 어느 날 밤 전화를 받았지. 그 여자아이의 어머니였어.

"승재 아빠 되시죠? 저 ○○ 엄맙니다. 승재가 우리 애한테 '××년'이라고 욕했대요. 애가 학교 안 간다며 우는데, 선생네 아이가 어떻게 그럴 수 있습니까? 교장 선생님한테 항의하려다

승재 부모님이 선생님이라고 해서 우선 연락한 겁니다. 아이 교육을 제대로 시키셔야죠!"

전화받는 아빠 얼굴이 얼마나 화끈거리던지. 그 아이 엄마가 날 보고 있는 것도 아닌데 연신 머리를 숙여가며 죄송하다고 말했다. 다시는 그런 일 없게 잘 가르치겠다고도 했다. 그 아주머니가 아빠에게 진짜 하고 싶었던 말은, "제 자식 교육도 제대로 못 하면서 남의 자식을 어떻게 가르쳐!" 이 말이 아니었을까?

통화 끝난 뒤 아빠는 널 많이 혼냈었다. 넌 아빠한테 혼나는 게 억울하다며 말했어. 교실 청소를 하고 있을 때 그 애가 뒤따라오며 일부러 쓰레기를 버려서 그랬던 거라고, 그러지 말라고 했는데 계속 버려서 화가 나 욕한 거라고, 잘못은 그 애가 먼저 한 것이라고.

승재야, 지금에야 고백하는데, 아빠가 너에게 그토록 화를 냈던 건 네가 친구에게 욕한 잘못 때문만이 아니란다. 교사로서의 아빠 체면이 깎였다는 사실 때문에 더 혼냈던 것이란다. 미안하다. 가끔은, 할아버지 · 할머니 · 엄마에게 생긴 사소한 불만 때문에 애꿎은 너에게 쓸모없는 훈계를 해대기도 했었어. 반성하마.

또 이런 일도 기억나는구나. 몇 학년 때였더라. 어떤 친구가 널 자꾸 괴롭혔지. 넌 화가 나서 그 친구를 때려주려고 했는데, 차마 그러지 못하고 책상을 꽉 잡은 채 부르르 몸을 떨며 참아냈다고 한다. 담임선생님께 그 말을 듣고 아빠는 가슴 아팠다.

넌 다른 친구들보다 체격이 큰 편이었다. 그래서 아빤 네게 절대로 친구를 때리지 말라고 수도 없이 말했었지. 싸우게 되면 맞으라고 했어. 네 귀가 따갑도록 말이다. 지금 돌이켜보면 너를 위해서가 아니라 아빠를 위한 강요였던 것 같아. 네가 누군가를 다치게 하면 내 입장이 우스워지니까 말이야. 참 이기적인 아빠지?

그래, 한마디로 말해서 너에 대한 아빠의 교육은 빵점이었다. 너에게 했던 그 많은 잔소리, '친구 때리지 마라.', '친구에게 욕하지 마라.', '동네 어른들께 인사 잘해라. 열 번 만나면 열 번 인사해라.', '선생님 말씀 잘 들어라.' 이 모든 말이 옳고 바람직하지만 너를 위한 것만은 아니었던 것 같다. 아빠를 위한, '선생님 아빠'의 체면을 위한 잔소리이기도 했다.

너는 철없는 아이일 뿐인데 그 당연한 사실을 아빠는 왜 인정하지 못했을까? 아무것도 모르는 어린 너에게 그저 순종적인 '선생 자식의 길'만을 강요한 걸 미안하게 생각한다.

너에 대한 실패(?)를 거울삼아 네 동생 승철이에게는 좀 좋은 아빠가 되려고 노력중이다. 이제 겨우 초등학교 2학년짜리 승철이. 그 녀석에게는 너에게 그랬듯이 동네 어른에게 인사 강요도 안 하고 그냥 제멋대로 크도록 내버려두고 있다.

아빠 잘하고 있는 거지?

아들아, 다음엔 눈물 대신 포옹이다

훈련소 수료식 마치면 꼬옥 안아줄 생각이었다. 아빠 학급 아이들의 대학 수시 전형 응시로 한창 바쁠 때 하필 그때 네가 입대하는 바람에 훈련소에 데려다 주지도 못했지. 너 홀로 군에 보내고 내내 아렸다.

입대가 즐거운 젊은이가 어디 있으랴. 심란한 티 내지 않고 덤덤한 표정으로 뚜벅뚜벅 떠나던 뒷모습이 한 달여 동안 지워지지 않았다. 한 달이 한 해 같았다. 그런데 그 먼 진주까지 가서 기초훈련 모두 끝낸 너를 보자마자 아빠는 돌아서고 말았다. 너도 약속이나 한 듯이 등을 돌리더구나. 우리 부자는 그렇게 등 돌리고 서서 한줄기 눈물로 뜨거운 포옹을 대신하고 말았다.

그 옛날, 아빠 군에 가던 날 훈련소 앞 장면이 떠오른다. 억지로 웃으며 손을 흔들곤 바로 돌아서서 뛰었다. 강해지러 가는 군대인데 왜 눈물이 나는 걸까? 할아버지 할머니는 아빠의 눈물을 보지 못했다. 아니 등으로 흐르는 눈물을 보셨는지도 모르지.

훈련소 주차장에 차를 세우고 연병장으로 가는 길, 너를 만나러 가던 그 길가에 야외 훈련장이 있었다. 그날 거기는 온통 코스모스더구나. 포복하고 구르고 달려야 하는 거친 공간에 가득 피어난 코스모스를 보며 그 꽃을 심은 훈련소의 속 깊은 배려를 읽을 수 있었다. 엄마는 차에서 내리자마자 눈물 바람이었다. 아빠는 울긴 왜 우느냐고 핀잔을 놓았었지. 코스모스의 손짓을 받고야 엄마가 배시시 미소를 그리더구나.

아들아! 훈련 무사히 받아서 진정 고맙다. 특기 교육 끝나고 자대 배치를 받아 이젠 본격적인 군 생활이 시작되는구나. 군 생활은 마음 편히 먹는 것이 제일이란다. 힘들수록 긍정의 눈으로 현실을 받아들이도록 노력하렴. 군대 가서 적당히 중간만 하라던 아빠의 말, 취소하고 싶다.

교육과 훈련에 정성을 다해 임하거라. 공부도 열심히 하고 말이야. 군대도 학교나 직장과 마찬가지란다. 네가 쏟은 땀방울이 너를 배신하는 일은 없을 거야. 생각하기에 따라 군대는 2년간 젊음을 썩히는 곳이 될 수도 있고, 미래를 열어가는 마당이 될 수도 있단다. 20여 년 네 삶을 돌아보다 보면 앞으로 나아갈 길도 보일 것이다.

그리고 사람에 대한 그리움이 깊어갈수록 네 가슴도 그만큼 깊어지고 넓어질 게다. 그동안, 네 주변과 일상 그 소소한 것들이 얼마나 소중했는지도 알게 될 것이고. 그렇게 시나브로 성숙해가는 거란다. 대한민국 공군 이승재 이병! 다음에 만날 때까지 너는 너의 자리에서, 아빠는 아빠의 자리에서 값진 시간을 보내자. 그리고 그때는 눈물 대신 포옹이다.

그래, 승철아 맘껏 울어라

오후 3시 30분. 전화벨이 울렸다. 이 시간에 전화할 일이 없는데, 이상하다 여기며 네 전화를 받았지. "아빠!" 한 마디에 가득한 네 슬픔이 나에게 전해졌다. "아들, 왜 그래 시험 못 봤어?" 너는 대답 대신 울기 시작했다. 여태 그렇게 섧게 우는 소리를 들어보지 못했다. 저 깊은 곳에서 솟구치는 통곡소리는 아빠의 귀를 찌르고 가슴을 후비고 온몸을 아프게 했다. 나도 벽에 기대 그냥 울고 싶었다. 네 울음소리 잦아질 때까지 아빠는 그냥 그렇게 꼼짝 못하고 서 있었다. 전화기를 귀에 댄 채.

네가 울었던 게 언제였더라. 초등학생 때까지는 우는 모습을 보았다. 중학생이 되고는 울지 않았지. 그런데 이제 아빠보다 키가 한 뼘은 더 큰 고등학생이 되어 그것도 사내 녀석이 꺼이꺼이 우는구나. 그렇게 중간고사가 아팠구나. 첫날 첫 시험이 제일 못하는 과목 수학이었지. 너는 하루 세 시간 자며 여러 날 수학 공부를 했지만, 시험을 망쳤고 절망했고 뜨거운 눈물을 뿌렸다. 중학교 때는 공부를 하지 않았으니 시험을 못 봐도 절망할 일이 없었을 테지만, 고등학교 입학하고 나름으로 열심히 공부한 결과가 엉망이 되고 보니 괴로울밖에.

이제, 아들아 조금 차분하게 생각해보렴. 너보다 공부 잘하는 친구들은 초등학교 때부터, 늦어도 중학교 때부터 차곡차곡 실력을 쌓아왔단다. 너는 그동안 계획만 하고 입으로만 공부하고 그러다가 이제야 시작하는 거 아니니? 당연히 격차가 클 수밖에 없는 것이란다. 단박에 친구들을 따라잡겠다는 욕심일랑 부리지 말고 하루하루 조금씩 쌓아가겠다고 마음먹으렴.

어떤 이는 공부가 가장 쉬웠다고 말하지만, 그건 온갖 고단한 삶을 견뎌내고 성취를 이룬 후의 회고담일 뿐이란다. 지금 너희에게는 공부가 가장 어려운 것이지. 고등학교에서는 시험기간 며칠의 밤샘공부가 별 효력을 발휘하지 못한다. 이번에 너도 그걸 깨달았을 거야. 한두 달 공부해서 수학을 잘할 수 있으면, 세상에 수학 못 하는 학생은 하나도 없을 거다. 그렇지? 조급해하지 말고 천천히 가자.

어떤 이는 경쟁 없는 학교를 말하기도 한다. 그러나 세상은 경쟁을 통해 앞으로 나아간단다. 어쩔 수 없이 받아들여야 할 현실이야. 다만, 아빠가 원하는 것은 따뜻한 경쟁이란다. 공부 잘하는 친구들은 '적'이 아니라 너에게 도움을 줄 또 다른 선생님이고, 또 너를 분발하게 해주는 고마운 존재들이다.

지금 네가 어려움을 겪고 있는 데는 아빠의 잘못도 크다. 네 공부를 돌봐줄 수 있었을 어릴 때 관심 갖고 챙겨주지 못했다. 학교에서는 학생들 열심히 가르치려고 노력하면서 정작 내 자식 공부시키기에는 소홀했구나. 어쩌다 네가 뭘 물어봐도 피곤하다는 핑계로 대충 넘어가곤 했던 아빠다. 이제 네가 고등학생이 되고 집 떠나 기숙사 생활을 하고 있으니 아빠가 뭘 어찌할 수 없는 상황이 되어버렸다. 미안하다.

언젠가 너에게 이런 말을 했었다. 공부를 못하는 것이 부끄러운 게 아니고 안 하는 것이 부끄러운 것이라고. 네가 공부를 하도 안 하기에 했던 말이야. 아들아, 혹시라도 아빠가 너를 부끄럽게 여긴다고 오해하지 마라. 성적 가지고 자식을 부끄럽게 여기는 부모가 어디 있겠니. 오히려 아빠는 네가 대견하다.

아빠가 이만큼 나이를 먹고 보니 세상이 조금 보이는 것 같다. 사회에서 결국 인정받는 사람은 학식을 갖춘 사람보다 인간미를 갖춘 사람이란다. 아빠는 네가 아직은 공부가 부족해도, 인간미는 부족함이 없다고 믿는다. 따뜻한 심성과 염치 그리고 배려의 마음이 너의 가슴 속에서 자라고 있다고 믿는다. 그래서 기쁘다. 아들아 주말에 집에 오면 우리 모처럼 돼지갈비 먹으러 가자. 오케이?

예비 고3 아들의 편지를 읽고

애들이 크면서 크리스마스는 별 의미 없는 공휴일이 되었다. 그런데 지난 성탄절은 특별했다. 이제 고3이 되는 작은 아이가 선물과 편지를 주며 "메리 크리스마스" 했다. 줄 생각도 받을 생각도 없다가 불쑥 내미는 아이의 편지에 잠시 당황했다. 어머니도 집사람도 나와 같은 심정이었을 것이다. 언제 장문의 편지를 세 통이나 썼는지, 녀석.

큰 아이는 첫째다운 혜택을 받고 컸다. 승용차도 없던 시절 여기 강화도에서 서울까지 가서 뮤지컬 보여주고 연극도 보여주고, 예쁜 옷과 신발을 사줬다. 검도 학원, 피아노 학원도 물론 보냈다. 그런데 작은 아이에게는 그러지 못했다. 게으르고 일관성 없는 아비 성격이 자식 교육에도 그대로 드러나, 둘째 아이에게는 해준 것이 별로 없다. 큰 아이 입던 옷 다시 입혀 키우고 큰 애 사준 책 물려서 읽혔다. 겨우 둘짼데, 열째 아이 키우듯 했다.

작은 아이는 밝고 싹싹하다. 하지만 아비는 밝은 표정 뒤에 웅크린 아들의 열패감을 읽는다. 제법 공부를 잘했던 형 녀석과 스스로 비교하면서 몰래 한숨짓는 작은 아이의 애잔한 모습이 보여서, 아프다. 아이에게 스트레스 주는 것 같아서 공부하라는 소리, 성적표 보자는 소리 일부러 안 하고 사는데, 혹여 아이에게 무관심으로 보일지도 모를 일이다.

제 성적 나쁜 것도 괴로울 텐데, 그걸 부모에게 한없이 미안해한다. 그래서 나도 더 미안하다. 녀석의 편지를 읽으며 다시금 아이의 아픔을 본다. 시작은 유쾌하다. '이제 받을 나이가 아니라 줄 나이가 된 것 같아 이렇게 자그마한 선물을 준비했다!! 승철 산타가 ㅋㅋ.'

그런데 '아빠 덜 입으면서 덜 먹으면서 나 입혀주고 더 먹여줘서 고맙고.'에 와서는 먹먹해지고 만다. 그리고 성적 얘기. '고마운 거 알면 공부도 열심히 해야 하는데 그게 내 뜻대로 안 되네. … 내가 공부로 감사함을 표현할 능력은 없지만, 고3이니까 열심히 해볼게.' 그리고 서울이 안 되면 지방 어디라도 사범대학에 가서 꼭 교사가 될 거라는 마지막 다짐.

아들아! 공부 잘하면 좋지만, 모든 학생이 다 공부 잘할 수는 없는 거 아니니. 몇 등 하겠다, 몇 점 받겠다, 스스로 애 말리지 말고, 부끄러워하지도 말고, 그냥 한발 한발, 네 보폭대로 나아가면 좋겠구나. 자꾸만 옆을 보고, 뒤를 보고 그러지 말고 말이다. 그렇게 도달한 곳에서 너의 인생을 열어 가면 되는 거야.

공부 잘하는 것이 불효는 아니다만, 그게 효도도 아니란다. 그러니 네 어깨에 실린 무거운 짐 이제는 내려놓고 조금은 가볍게 고3을 준비하렴. '나를 낳아줘서 고맙소.'라고 썼지? 네가 태어나줘서 건강하게 커 줘서 고맙다.

교사로 사는 한 남자 이야기
나는 오늘도 선생이다

초판 1쇄 발행 2015년 5월 26일
초판 2쇄 발행 2016년 7월 10일

글 쓴 이 이경수
펴 낸 이 주혜숙
책임편집 성미애
편 집 전유나
디 자 인 오신곤
마 케 팅 안미선

펴 낸 곳 포이즌
등 록 2003년 7월 22일 제6-510호
주 소 121-842 서울특별시 마포구 동교로 142-11 플러스빌딩 3층
전 화 02-725-8806~7, 02-325-8802
팩 스 02-725-8801, 0505-325-8801
전자우편 jhs8807@hanmail.net

ISBN 978-89-959880-5-3 03040

• 책값은 뒤표지에 있습니다. 잘못된 책은 바꾸어 드립니다.
• 이 도서의 국립중앙도서관 출판예정도서목록(CIP)은 서지정보유통지원시스템 홈페이지(http://seoji.nl.go.kr)와 국가자료공동목록시스템(http://www.nl.go.kr/kolisnet)에서 이용하실 수 있습니다.(CIP제어번호: CIP2015014442)